宇宙飛行士、「ホーキング博士の宇宙」を旅する

若田光一
イラスト 小山宙哉

日本実業出版社

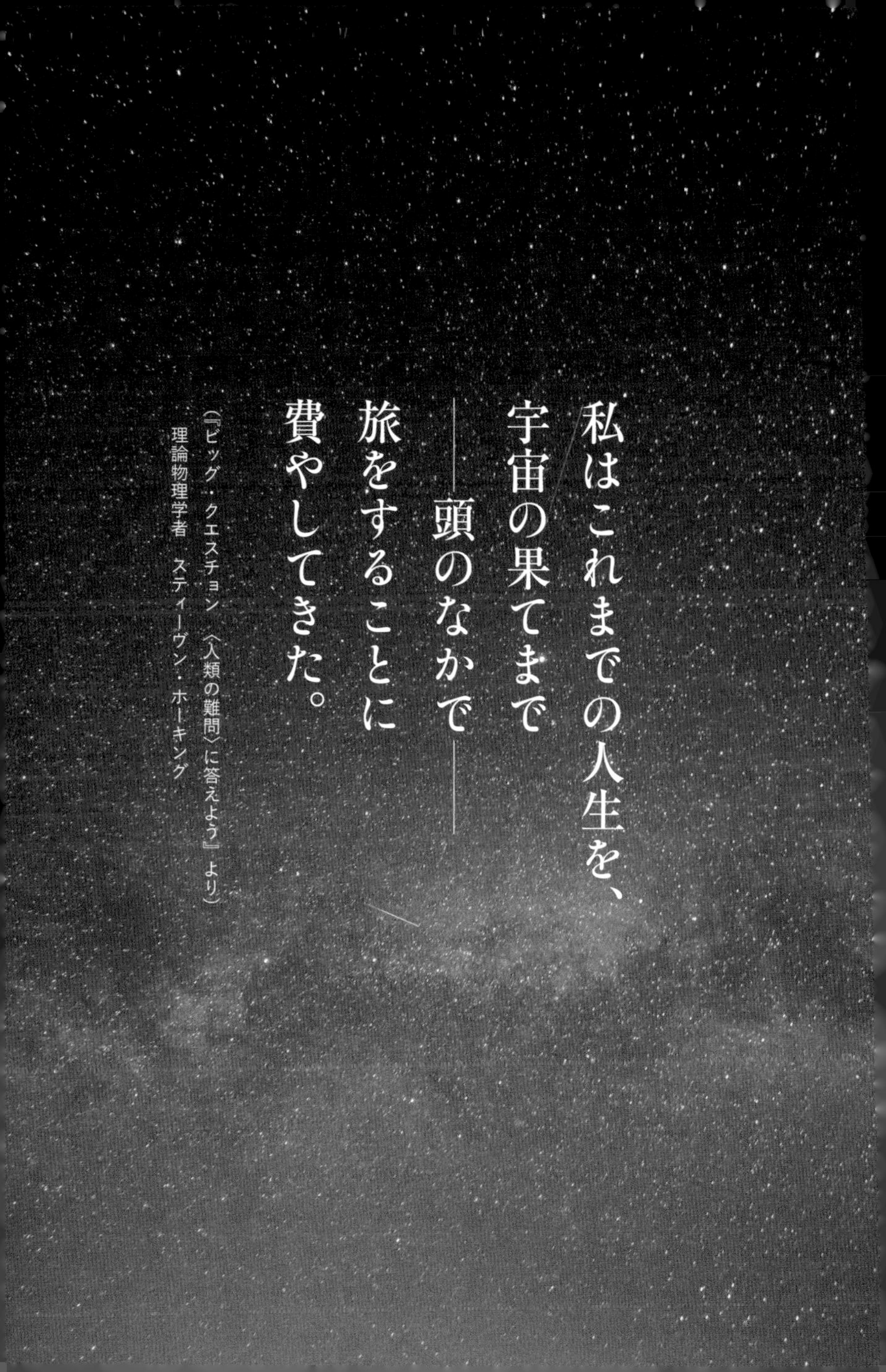

私はこれまでの人生を、
宇宙の果てまで
——頭のなかで——
旅をすることに
費やしてきた。

（『ビッグ・クエスチョン 〈人類の難問〉に答えよう』より）
理論物理学者　スティーヴン・ホーキング

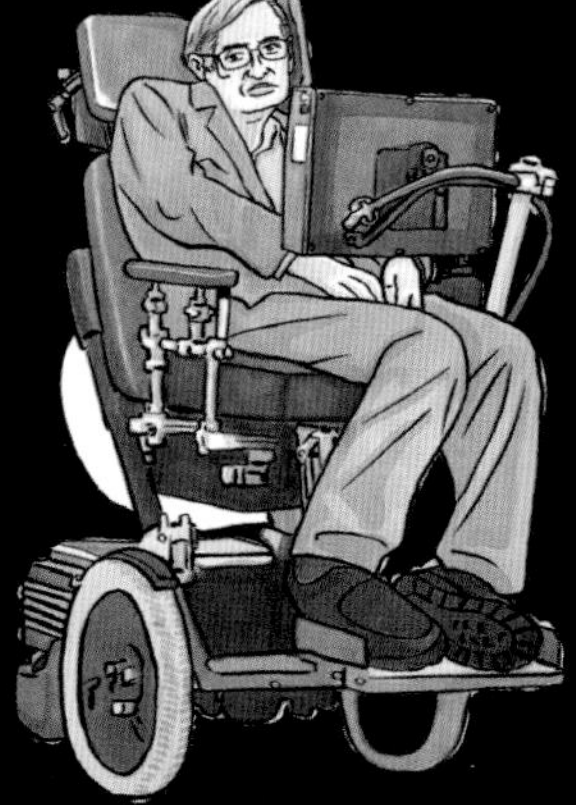

スティーヴン・ホーキング

理論物理学者。

1942年英国生まれ。17歳でオックスフォード大学に入学。21歳の時、難病「筋萎縮性側索硬化症（ALS）」と診断されて以来、車椅子の生活を続けながら研究を続ける。1960年代より量子力学や一般相対性理論などを駆使して、ブラックホールに関する新たな理論を提唱し続ける。1983年には宇宙の始まりを解明する「無境界条件」論を展開するなど、次々と新しい独自の宇宙理論を発表し、現代宇宙論の進展に大きく貢献する。2018年3月14日、英国ケンブリッジの自宅にて76歳で死去。

若田光一

わかた　こういち

宇宙飛行士、博士（工学）。

1963年埼玉県生まれ。1987年九州大学工学部航空工学科卒業。1989年九州大学大学院工学研究科修士課程を修了し、日本航空株式会社にエンジニアとして入社。1992年宇宙開発事業団（現JAXA）が募集した宇宙飛行士候補者に選抜される。1996年日本人初のミッションスペシャリストとしてスペースシャトルに搭乗。2000年日本人の宇宙飛行十として初めて国際宇宙ステーション（ISS）の組み立てミッションに参加。2009年には日本人で初めてISSでの長期滞在ミッションを行う。2010年日本人として初めてNASA管理職（宇宙飛行士室ISS運用部門チーフ）に就任。2014年に日本人初となるISSコマンダー（船長）を務める。JAXA宇宙飛行士グループ長、JAXA・ISSプログラムマネージャ、JAXA理事を歴任し、2020年よりJAXA特別参与、宇宙飛行士として任務を継続中。合計4回の宇宙飛行における総宇宙滞在時間は347日8時間33分（日本人最長）。

夢、探究心、思いやり

宇宙飛行士　若田光一

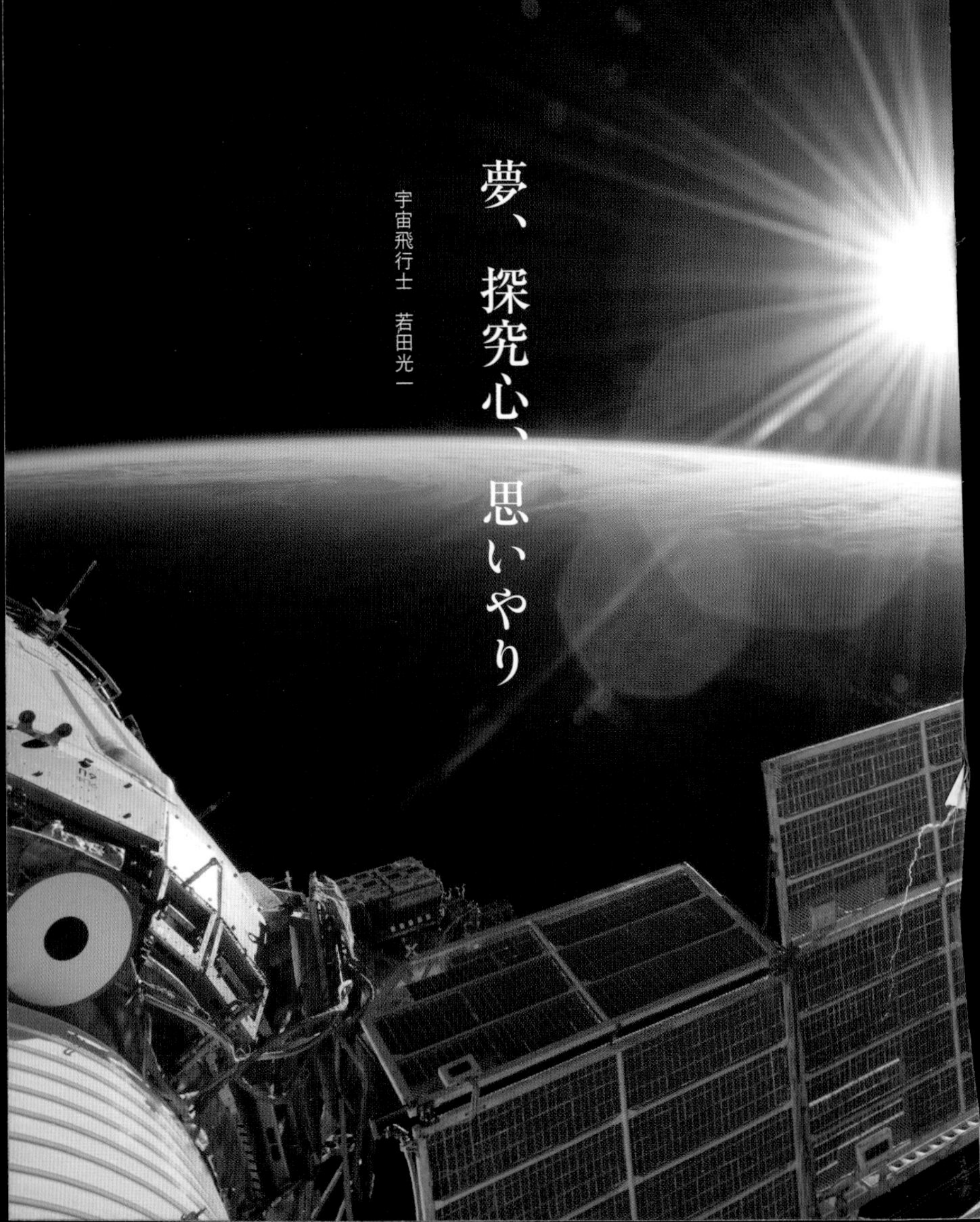

はじめに――ホーキング博士との実際の対話より

2014年、国際宇宙ステーション（ISS）に滞在中だった私は、地上にいる一人の理論物理学者と対話しました。彼の名はスティーヴン・ホーキング。「車椅子の天才宇宙物理学者」と呼ばれた人でした。

若田

「あなたは地球上では
人類は生き残れないと言っています。
何が一番の心配事ですか？」

宇宙飛行士、「ホーキング博士の宇宙」を旅する

ホーキング博士
「私たちの地球には限られた資源しかないにもかかわらず、将来は人口が急増し、脅かされるでしょう。
人類が生き残るには宇宙に出ることは避けられません」

この短い対話は、英国ＢＢＣのテレビ番組のおかげで実現しました。番組中、国際宇宙ステーションと地上とを衛星回線で結び、宇宙飛行士とホーキング博士との対話を中継するという企画でした。

もちろんホーキング博士のことや、宇宙物理学におけるその功績は知っていました。著作も何冊か読んだこともあります。ただ直接、博士と言葉を交わしたのはあの時が初めてでした。

「筋《きん》萎《い》縮《しゅく》性《せい》側《そく》索《さく》硬《こう》化《か》症《しょう》（ＡＬＳ）」という難病に侵されたホーキング博士の声は、肉声ではありません。コンピュータプログラムによる合成音声によるものです。けれども、あの時の対話で聞こえてきたホーキング博士の声は、人工的な音声だったにもかかわらず、とても親しみやすく、博士の温かい人柄を深く感じたことをよく覚えています。

番組の収録中、私は国際宇宙ステーションに滞在していたのですが、そこは窓の外をのぞけば、眼下に青い地球が浮かび、宇宙の闇に抱かれている場所です。ホーキング博士が半生を費やしても、未だ解明できない多くの謎に満ちている宇宙。その宇宙空間の片隅で、今自分が漂い、ホーキング博士と対話していることに、不思議な縁を感じました。


私は人類の活動領域を宇宙へと拡げるべく、宇宙飛行士として、有人宇宙活動の現場での仕事に従事しています。人類の持つテクノロジーの結晶である宇宙船に搭乗し、自分の肉体をもって宇宙空間に赴き、国際宇宙ステーションを利用した実験や観測を行い、地上では宇宙機システムの開発や運用、新たな計画の策定などに取り組んできました。

ホーキング博士は理論物理学者です。宇宙とその仕組みを解き明かすべく、卓越した思考と鋭いインスピレーションをもって、宇宙を探究なさってきました。

私とホーキング博士をつなぐテーマは「宇宙」。その宇宙を想う時、まるで自分をのみ込んでしまうような暗黒の闇の中に、人間がまだ知覚できない領域や世界が確実に存在しているのだと、私は直感します。そしてその時、得体の知れないものに抱く恐怖とは異なる、文字通り畏《おそ》れる気持ちと怖《おそ》れが入り混じった、自分の能力だけでは到底及ばないものに対する「畏怖《いふ》」と「畏敬《いけい》」を抱くのです。

この本は、そんな「ホーキング博士と対話の続きをしてみたい」という私の想いから生まれたものです。ホーキング博士が語る言葉は、哲学的で、ユーモアと思索に富んでいます。ホーキング博士が遺した数々の名言を手掛かりにして、そのメッセージから私が感じるままの想いや考えを、宇宙飛行士としての経験をもとに書き記しました。

たとえるなら、「ホーキング博士の脳内の宇宙を、私が宇宙飛行した」と言えるかもしれません。

そんな思索の旅を、読者の方にも楽しんでいただけたら幸いです。

若田光一

宇宙飛行士、「ホーキング博士の宇宙」を旅する　目次

イラスト ——————— ©小山宙哉／講談社
制作協力 ——————— 仲山優姫（コルク）

ブックデザイン ———— 杉山健太郎
DTP ———————— ダーツ
構成 ———————— 岡田茂

口絵3ページ目・写真 —— ©NASA

第Ⅰ章

宇宙についての対話

Hawking's Universe

I

なぜ、この宇宙は存在しているのでしょうか？
どうして無ではないのでしょうか？
なぜ、私たちは存在しているのでしょうか？
なぜ、自然世界の法則は
今あるようになっているのでしょうか？
どうして、ほかの法則ではないのでしょうか？
これは、生命、宇宙、万物についての
究極の問いかけです。

（『ホーキング、宇宙と人間を語る』より）

宇宙空間で宇宙を眺めていると、不思議な思いに駆られることがあります。宇宙から見ると、瞬くことなく輝く無数の星々が三次元的に広がり、その空間のその先に佇《たたず》む暗黒の深い闇に、自分がその漆黒の世界の中にのみ込まれていってしまうような気分になります。

その時に感じたのは、底知れぬものに対する恐怖感のようなものではなく、我々が知らない広大な未知の世界が目の前に広がっていることへの、一種の敬虔《けいけん》な畏怖とも言える心持ちでした。そしてその闇の中には、我々がまだ理解できていない事象、領域、次元といったものが確実に存在しているという直感のようなものを抱きました。

我々は普段、自分の目で見える、耳で聞こえる、肌で感じられる、などといった五感で知覚できるものを情報源とし、様々な判断基準としています。ですが、あの宇宙空間の闇を見つめていると、我々が五感で感じられることは限られており、まだまだ知らないことだらけなのだという実感が湧いてきます。

宇宙に行って、無重量環境にある国際宇宙ステーション（ＩＳＳ）の中で目を閉じて、ふわふわ浮きながら宇宙の暗黒の闇に思いを馳せると、「自分の存在の不思議さ」のようなものを強く感じます。ただそうは言っても、現在、宇宙飛行士たちが活動しているＩＳ

Sが周回する地球低軌道は、地球の大気層のちょっと外側にある宇宙空間であり、いわば「つかみどころのある近場の宇宙」、人類がこれからより様々な目的のために利用していくことができる「身近な宇宙」という印象を持ちます。

一方、ホーキング博士をはじめ、宇宙物理学の世界では、宇宙という時空の構造や構成、ブラックホールや広大な宇宙の果てに思いを馳せています。人類という知的生命体を育んだ故郷・地球において、まさに生命や宇宙、万物についての究極の問いに対する答えを見出す努力が続けられていることに、畏敬の念を禁じ得ません。

宇宙における人類の活動領域を切り拓く仕事に従事している私が、宇宙物理学や理論物理学の専門家による難題の追究に非常に強い興味を持っているのは、私が「吸い込まれるような宇宙の闇」ということでしか表現できない実体験を、その闇の先に何があるのか、人間が知覚し得ない領域がどれだけあるのか、宇宙の正体とは何か、といった具体的な問いの一つひとつに対して人類の英知を結集して挑んでいるからです。

ホーキング博士もご自身の宇宙飛行の実現に強い興味を示されていましたが、将来もっと理論物理学者の方々にも実際に宇宙空間に出てもらって、新たなヒントをつかんでもらえたらいいのではと思っています。

Hawking's Universe

2

愛する人たちが住んでいなかったなら、
宇宙もたいしたところじゃない

（『ＢＢＣニュース』２０１８年３月14日より）

ホーキング博士はこのことを、別な言い回しでも述べています。

「私が愛する人たち、私を愛してくれる人たちがいなかったら、宇宙はうつろな世界だったろう。その人たちがいなかったら、私にとって宇宙の不思議は失われていたにちがいない」（『ビッグ・クエスチョン〈人類の難問〉に答えよう』より）。

人間にとって家族や友人など、愛する対象が存在するというのは、とても幸せなことだと思います。自分が愛する人々がいて、自分を愛してくれる人々がいてくれるからこそ、人は人生の中にその意味と生きる意義を見出すのだと思います。

私たちはそんな人間同士の絆の中で生まれ、育ち、成長していきます。私たちの価値観や考え方を育むバックグラウンドは、時に国、人種、宗教、文化、習慣という枠組みであることもあります。しかし、それらの枠組みは同時に、古い時代からの連鎖として続いてきた対立や闘争の要因でもあり、その枠組みによって人類は分断されてきたという側面もあります。

ロシアの伝説的な宇宙飛行士にアレクセイ・レオーノフさん（2019年10月11日没、享年85歳）という方がいます。私も何度かお目に掛かってお話しさせていただいたことがあります。とても温厚でオープンマインドな方でした。彼は人類初の宇宙遊泳や、1975

年のアメリカとの共同ミッション「アポロ・ソユーズテスト計画」では、ソ連（現ロシア）側の宇宙船ソユーズ19号の船長でもあった人です。

当時、激しい宇宙開発競争を繰り広げていた二つの超大国が手を取り合って実施されたこのミッションでは、アメリカとソ連の宇宙船を宇宙空間でドッキングさせるのが目的でした。彼は絵が得意だったので、宇宙船に紙と色鉛筆を持ち込んで、ミッション中に地球をスケッチしたり、ドッキング中にアメリカの宇宙飛行士の肖像を描いたりしたエピソードが残っています。

そんな彼が近年、緊張が高まる国際情勢の中で再び冷え込んでいるロシアと米国の関係について聞かれて、「宇宙飛行士の間に国境が存在したことはない。こうした考え方が、政治家の心に浸透する日が来れば、地球は変わっていくはずだ」という言葉を残しています。

私も各国の宇宙飛行士と長年、地上そして宇宙で仕事をしてきましたが、一緒に時間を過ごす中でよく感じるのは、それぞれ国や人種や文化や宗教といった「衣《ころも》」を着込んではいますが、それを一枚一枚脱いでいけば、残るものは結局、その人「個人」の人間性しかないという事実です。つまり、国籍や人種などによって醸成された政治思想や社会思想などのイデオロギーは、その人間を物語るほんの一部でしかないということです。

１９８５年にスペースシャトルで宇宙飛行したサウジアラビアのスルタン・サルマン・アル・サウド王子が、宇宙から地球を眺めながらつぶやいた言葉が印象的です。

それは「最初の1、2日は、みんなが自分の国を指さしていた。3、4日目はそれぞれの大陸を指さした。そして5日目にはみんな黙ってしまった。そこにはたった一つの地球しかなかった」というものでした。

彼ら二人が共通して言っていることを私なりに解釈すれば、「宇宙へと活動領域を拡大することは、人類の価値観を、国・人種・文化・宗教といった枠組みを超えた視点、文字通り地球全体を俯瞰する視点からとらえることを可能にしてくれる」ということです。我々は宇宙に出たことによって、自らのアイデンティティのルーツを広げつつあるのだと考えます。

２０１８年に、私は国際宇宙ステーション（ＩＳＳ）が１９９８年11月の軌道上建設開始から20周年を迎えるにあたって、ロシアのモスクワで開催された各国宇宙機関の関係者との記念イベントに、日本の宇宙航空研究開発機構（ＪＡＸＡ）の有人宇宙活動担当の代表として出席しました。その中で一同が口をそろえて言ったのは、ＩＳＳはやはり国際協力の中で続けてきたからこそ、様々な困難を乗り越えて存続できるプロジェクトになったということです。

これが一国だけのプロジェクトだったら、スペースシャトル・コロンビア号の事故や米露の物資を運ぶ宇宙輸送機の事故等の試練を乗り越えて、ＩＳＳをこれだけ長く運用・維持していくことはできなかったでしょう。こうした事故を克服できたのは、事故を起こした機体とは別の国の宇宙船、たとえばロシアの「ソユーズ」や日本の「こうのとり」等が国際協力の枠組みのもとで補完的な役割を果たしてきたことも大きな理由と言えます。「ＩＳＳ計画」という人類史上、科学技術分野における最大規模の国際協力プロジェクトは、地上の情勢を超越し、ＩＳＳ各国の相互理解を深め、有人宇宙活動を通した確固たる信頼関係を構築してきたという重要な成果を創出しています。

２０１９年10月には、日本政府が米国の月探査計画に参画することを決定しました。人類が地球低軌道を超え、月や火星への国際宇宙探査を進めていく中で、「ＩＳＳ計画」を通して構築された国際協力体制は強固な礎《いしずえ》となります。

人間というのは地球という故郷を離れ、遠くに行けば行くほど、人類としての結束力や団結力が強まるように思います。さらに言えば、宇宙へと活動領域を切り拓いていくことで、地球人類としての一つの価値観が形成され、凝縮され、高まっていくような気がしています。

我々は、宇宙の科学的な研究や開発を通じて、宇宙に対する洞察を深めていくことで、我々自身やふるさとであるこの青い惑星に対する理解と愛といった感情も深まっていくように思うのです。

地球という閉鎖系に生命体が留まっていることは、エントロピー（熱力学等で定義される状態量の一つ。系の乱雑さ・無秩序さ・不規則さの度合を表す量で、物質や熱の出入りのない系ではエントロピーは減少せず、不可逆変化をする時には、常に増大する）の増大、つまり朽ちていくことを意味します。生命体は閉鎖系ではない開放系で命を保っている限り、すなわち宇宙へと活動領域を拡大していくことでエントロピーを減少させる、つまり人類としての秩序を維持し存続していけると考えられます。

Hawking's Universe

3

宇宙人が我々のところに
やってきたとしたら、
クリストファー・コロンブスが
アメリカに到着したことで、
アメリカ・インディアンが
さんざんな目に遭わされたときと
同じような状況になると考えている。

（『3分でわかるホーキング』より）

Wakata's Universe

地球という惑星は、この広い宇宙で「生命体を育んできた、ただ一つの奇跡の星」と言われてきました。ただ最近では、太陽系外にも「ハビタブルゾーン（太陽のような恒星とちょうどいい距離にあって、水が液体として存在する温度を保ち、生命が誕生するのに適した領域）」の存在が確認され、その領域にある惑星の存在も確認されています。

この先、観測が進めば、それらの惑星における生命の存在が発見される可能性もあります。そうなると、生命を育む星は地球だけでなく、じつは宇宙に無数に存在していた、ということになっていくのかもしれません。

私は地球外生命体が宇宙のどこかに存在すると思っています。それが「知的かどうか？」「現在、存在しているのか？」「過去に存在していたのか？」、あるいは「これから誕生しようとしているのか？」などといったワクワクする疑問が湧いてきます。

「知的生命体」という定義がどこまでの範囲を示すかにもよりますが、少なくとも地球上で文明を築いてきた我々人類は、宇宙に存在する知的生命体と言って差し支えないと思います。ただ、ホーキング博士は**「原始的な生命体はどこにでもいるが、知的な生命体は非常に珍しい。地球上にもまだ生まれてない、と考える人だっているだろう」**（『3分でわかるホーキング』より）という自虐的なジョークにもとれる言葉も残していますが。

仮に、知的生命体がどこかのハビタブルゾーンに位置する地球型惑星にいて、現在、高度な文明を築いていると仮定します。しかし、我々の今の科学技術ではその星へは行けません。そこで、逆に彼らが宇宙船に乗って地球に来訪するという可能性もなくはないと思いますが、ただ宇宙は広いです。少なくとも、地球の人類が現在知っている物理法則で考える限りは、彼らがいくら知的でも地球まで来るのは難しいのではないかと率直に思います。

もし、彼らが地球人の想像と英知をはるかに超えた科学技術を有しているとしたら、この広大な宇宙を簡単に旅して地球という惑星を訪れ、私たちとコンタクトしてくれる可能性も否定はできないかもしれません。

でも、またそこで私の中で生まれる疑問は、「この数多くある星々の中で、なぜ地球にわざわざ来るのか?」ということです。もしかしたら、文明人がジャングルの奥地で原始的な生活を営む部族を見つけて観察・保護するような目線で来るのかもしれません。または、資源の探査や開発の目的であったりするのでしょうか。

知的生命体が、地球以外のこの宇宙に一つでも存在するということが発見されたら、この宇宙には無数の文明を持った知的生命体がいる可能性が出てきます。そんな中で彼らが地球を来訪する目的地に選んでくれたとしたら、よっぽどこの星の文明や生命体に興味を示してくれているのでしょう。

ただし、ホーキング博士が警告するのは、その知的生命体が必ずしも地球人にとって善良な存在だとは限らないということです。彼らの進化の過程、考え方、価値観が地球人と違うのかもしれないわけですから。

宇宙の片隅の惑星で生まれ、文明を築いてきた我々地球人は、果たして宇宙で唯一の生命体なのか。この話題は興味が尽きないですが、そう遠くない未来にその答えがわかることを期待しています。

Hawking's Universe

4

虫めがねで髪の毛を見ると、
厚みがあることがわかります。
しかし肉眼では、長さはあるものの
次元がひとつしかない一本の線にすぎません。
時空も同じと考えていいでしょう。
人間、原子、そして原子物理学的長さの
スケールにおいても、
時空は四次元でほぼ平坦に見えます。
しかし、きわめて高エネルギーの粒子を使って
非常に短い距離を調べると、
時空は実は十か十一次元であるとわかります。

（『ホーキング、未来を語る』より）

Wakata's Universe

十次元、十一次元と言われても、イメージするのは難しいものです。けれども、人間の感覚器官がとらえられる情報だけがすべてではない、ということは納得できます。

我々は普段、視覚・聴覚・嗅覚・味覚・触覚といった五感から受け取る情報を判断基準にして生活していますが、その情報だけが現実のすべてではないことは確かです。

私がそれを決定的に感じたのは国際宇宙ステーションで、JAXAとNHKが共同開発した4Kカメラを使って地球を撮影した時でした。

4Kカメラは、ハイビジョンの4倍の画素数を擁する高解像度カメラで、約829万画素という高精細の美しい色彩の映像で地球を撮影することができるのです。夜の地球の光景も私の肉眼ではとらえられない小さな街の灯まで映し出し、そのあまりの映像の美しさに私は驚きました。

地球に帰還してから番組担当者の方と会った時、「4Kカメラはすごいけれども、あれは現実的ではないですよ。人間の目だと夜の地球はあんなにきれいに見えません」と思わず言ってしまいました。

ただ、4Kカメラの映像を現実的でないと言ってしまった直後、いや、どちらも現実そのものではなく、どちらも現実を肉眼あるいは4Kカメラという、ある有限の感度のセンサーでとらえたものに過ぎない。つまり、真実の一つの解釈なのだということに気づきました。あのカメラは一つの見え方を確実にとらえていて、人間の視力以上に真実の有り様に近づいているのだと思い直したわけです。

赤外線や電磁波などは肉眼では感知できませんが、それを感知するセンサーは存在し、私たちは当たり前のようにセンサーを搭載した機器を日常生活で利用しています。センサーというのは現象のある部分をとらえるための道具と言えますが、人間のセンサーである五感が一番のセンサーだと思ったら大間違いなわけです。

私は「あの4Kカメラの映像は現実的ではないですよ」と言ってしまった時、「自分の目で見えているものが最も確かな実在である。本物なんだ」と無意識に思っていました。でも、それはあまりにも早計で傲慢な考え方だったと反省しました。

世界の有り様というものは、調べれば調べるほど深く、まだまだよくわからないことが多い。我々がつかみきれていない事象は数多く存在するのです。

Hawking's Universe

5

娘のルーシーが生まれて数日後
私に「発見の瞬間」が訪れました。
ベッドに入ろうとしたとき、
ブラックホールが
本当は暗黒ではないと閃いたのです。
ブラックホールは熱を持っていて
石炭のように赤く光るはずだと。

（NHK『コズミックフロント☆NEXT』
「宇宙の〝冒険者〟～ホーキング博士ラストメッセージ～」より）

宇宙飛行中の仕事には、ホーキング博士のように長時間、思考を巡らせて何かの理論を発見するような研究作業はありません。地上の訓練でも宇宙での作業でもマニュアルに沿った作業を正確に行うことが要求され、ひらめきより確実性に重点が置かれることがほとんどです。

しかしながら、宇宙での運用マニュアルを作成するような地上での準備段階の仕事や、新しい宇宙船のシステム設計に参加したり、あるいは新たな有人宇宙活動全体に関わる方針を策定するような仕事に取り組む場合には、先見性や熟考、そしてひらめきが、宇宙での活動の可能性を広げたり、安全性、効率性を大きく改善できる場合が多々あります。

ひらめきは、ふとした瞬間に湧いて出てくることがよくあります。ただ、仕事でも日常の生活でも、何か一つのことに没頭している時、「ふとした瞬間」を作ろうと思っても、なかなかそのタイミングがないものです。

時間に追われながら、今こなさなければならない作業を確実に終わらせようと集中していると、緊張状態が続きます。その時の精神状態は、カメラの機能で言えば、一点を局所的に映し出すズーム・インの状態なのでしょう。それとは逆に、「ふとした瞬間」というのは、レンズを一瞬ズーム・アウトして、全体を俯瞰した時なのかなと思います。

私が国際宇宙ステーションに滞在中、時間に追われる生活をすることは頻繁にありました。様々な実験や機器のメンテナンス等の作業スケジュールが5分単位で決められており、そんな慌ただしい中ですから、途中で息抜きできる時間も平日は限られています。

ですから、食事中や運動中、就寝前の自由時間は、やはりほっとします。そんな時、「そう言えば今、自分は宇宙にいるんだ」とあらためて気づくことがよくありました。仲間と談笑しながら食事をしていて、目の前をふわふわ浮かぶスプーンや缶詰を見て、いかに地上での日常とかけ離れた場所に自分がいるのかを感じ直すこともありました。

就寝時は個室の寝袋に入って寝ます。地球上で寝る時と異なり、身体のどこにも圧力を感じることなく、ふわふわ浮いた状態での睡眠はこのうえなく快適だと感じます。

宇宙で寝るのはある意味、不思議な体験です。無重量状態で目を閉じて寝ていると、上か下かの感覚がわからなくなります。地上だと目を閉じても重力によって上下の感覚は残りますが、宇宙の無重量環境では視覚以外の自分の感覚で上下方向を判断することは不可能です。回転角加速度を感知する三半規管や重力、直線加速度を感知する前庭など、平衡感覚を司る器官が、宇宙の無重量環境では地上の重力環境のようには機能しないからです。

夜、国際宇宙ステーションの寝室で目を閉じると、自分が無限の空間の中で、ただ一人漂っているような気分を味わうこともあります。

話を戻すと、私の場合は宇宙に滞在している時、「ふとした瞬間」にホーキング博士のような大発見につながるインスピレーションは降ってこなかったのですが、宇宙の深遠さを感じる瞬間を何度も持てたような気がしています。

宇宙でも地上でも、「集中」と「弛緩《しかん》」のメリハリが大切なのかもしれません。一点に集中していた心や思考が、「ふとした瞬間」に解放された時、新しい発見やアイデアが出現することがあるのかもしれませんね。

Hawking's Universe

6

では、地球外からの訪問者がいないことを
どう説明すれば良いでしょうか？
はるかに高度な種族が遠くにいて私たちの
存在に気づいているものの、原始的な生活の中に
放っておいてくれているのかもしれません。
しかしこの仮説では、下等生物への
思いやりがあまりにもあるように思われます。
いったいどれだけの人が、どれぐらいの
昆虫やミミズを足で踏みつぶしてしまったか
ということに心を悩ませるでしょうか？

（『ホーキング、未来を語る』より）

Wakata's Universe

火星にはかつて地球と同じような環境があり、何かしらの生命体が存在していた可能性があると言われて久しくなります。現在、火星ではＮＡＳＡのインサイト等の探査機が降り立って探査中です。ですから、人類が自分たち以外の生命体の痕跡を発見するとしたら、火星が今一番その可能性が高い地球型惑星と言えるでしょう。

もちろん火星だけではなく、水が存在している証拠や兆候は、準惑星のケレスや木星の衛星エウロパ、土星の衛星タイタンなど、他の多くの天体でも見つかっています。たとえば、ハッブル宇宙望遠鏡の観測では、木星の衛星ガニメデの地底に氷の層に挟まれた海水の海が存在している可能性が高いことがわかっています。

そのため、ＮＡＳＡの関係者は「10年以内に地球外生命体の有力な兆候がつかめるだろう。20～30年以内には確実な証拠が得られると思う。どこを探すべきか、どう探すべきかはわかっている。ほとんどのケースで我々には技術があり、それを実行する道をたどっている。我々は間違いなくその途上にいると思う」とコメントしています。

また今後、この太陽系以外の外宇宙に存在するハビタブルゾーンにおいても、生命体の生息もしくは痕跡が発見される可能性もあります。または地球のような環境でなくても、その星の環境に適した生命体が存在しているケースも見つかるかもしれません。

もし今後の観測・調査で、原始的な微生物であったとしても、何かしらの生命体が生きている兆候、または過去に生きていた痕跡が見つかった場合、もうそれだけで現代の宇宙観は確実に変わると思います。つまり、「地球だけが生命を育む奇跡の星だ」と言われ続けていた概念そのものが一気に変わるわけです。

近年、この地球上でも超極寒環境や、pH12など生命体にとって有毒なはずの高アルカリ性環境の中でも生きている生物が発見されています。そのような超極限環境でも生命体の存在が確認されているわけです。ですから、地球人からすれば超過酷な「こんなところに絶対に生命はいるわけない」と考えていた星の環境下でも、生まれて育まれている生命体が存在しているのかもしれません。

もっと言えば、我々のようにタンパク質が生命の根源ではない生命体が存在する可能性だってあります。そうなれば、我々が持つ宇宙観だけではなく、生命観も変わります。「宇宙では生命はありふれている。そして宇宙はいろいろな種類の生命に満ちあふれている」ということにもなるかもしれません。

そのように考えると、知的に発達した生命体の存在も、宇宙では珍しい存在ではないことになるかもしれません。今後の観測、探査活動の進展が期待されます。

もっともホーキング博士は、「地球外に高度な文明を築いている知的な生命体がいるかどうか？」という問題に対しては、懐疑的な見解を持っています。「もし存在していたとしても、コンタクトできるチャンスはほぼない」と考えていましたし、ましてや「地球に来訪するような可能性もないはずだ」という見解を示していました。実際に、次のように。

「たとえ他の恒星系で生命が発展しても、私たちが人類と見分けがつく段階は、宇宙の時間の長さから考えるときわめて短いあいだだけで、偶然その段階の知的生命体と出会うチャンスはほとんどないでしょう」（『ホーキング、未来を語る』より）

さらに、そんな存在と積極的に交流を図ることは、地球人にとってプラスにならないという立場でもありました。その知的生命体が必ずしも善良な意志を持って地球人と交流するとは限らないと警告しています。

「もし異星人が地球にやってくれば、その異星人は《ET》よりも、《インディペンデンス・デイ》での異星人のほうに似ているにちがいありません」（『ホーキング、未来を語る』**より**）と言っているくらいですから。

ただ私の場合、少しのんき気に思われてしまうかもしれませんが、やはり、我々以上の科学文明を持った知的生命体がもしいるならば、ぜひとも交流してみたいと思います。当然、彼らは地球人より進化しているわけで、そこに至るまでには我々が今、直面している文明の存続を脅かす諸問題を経験して、それをクリアし、地球文明より先に進化していることになります。そうすると、地球が今抱えている諸問題をすでに解決している先輩という意味では、いろいろな知見を得られることになると思います。

もし地球人が、地球よりも科学が進んだ知的生命体と遭遇できるチャンスがあるとしたら、やはりそこで聞くべきは、「どうやってあなたたちは滅亡せずにいられたんですか?」ということだと思います。

おそらく大きな戦争や環境破壊、パンデミックを乗り越えてきた存在のはずです。「どうやって生き延びたのか?」という問いは、現在の地球人にとって非常に重要なものです。少なくとも、地球人類が歩んできた以上の「時空」を歩み続けて、文明を維持してきた種族のはずですから、その種族から多くのことを学ぶことができるかと思います。

Hawking's Universe

7

数百年前には、
人々は地球が唯一の存在であり、
宇宙の中心に位置すると考えていました。
今や、私たちは銀河に
数千億の星々が存在し、
その銀河も数千億存在し、
その星々の多くが惑星系を
持っていることを知っています。

（『ホーキング、宇宙と人間を語る』より）

Wakata's Universe

たった数百年前の人々は、地球が宇宙の中心だと考えていたわけです。でも、当時の人々を我々は笑うことはできません。当時の観測技術や科学的定説において考えると、それが最も理解しやすく、受け入れやすい根拠のある見方だったのでしょう。

それを思うと、科学の進歩とは有難いものです。もしかしたら、今後数百年後の未来の人々は、現代の常識や定説を振り返った時に、同じような気持ちになるのかもしれないからです。

いつの時代においても、その時代に生きる人々が支持する常識や定説が存在します。それはそれで、その時代を形成する指針であり、とても大事なものだと思います。しかし、それだけにとらわれたままでいたら、きっと文明は進歩のスピードを緩め、最後には停滞して滅んでしまうかもしれません。

幸運なことに、いつの時代においても、常識や定説にとらわれず、その先にある新しい発見や価値観を追い求める人たちがいます。彼らはその当時、常識だったことに対して新たな仮説を投げ掛けます。やがてそれが証明されると、それは新たな定説となり代わります。その時、人々は視野を広げることができ、新たな価値観を享受するようになります。

これは、まるで部屋の古臭い壁紙を剥がし、新しい色と模様の美しい壁紙に張り替えるようなことかもしれません。

新しい知見は常に存在し、求めさえすれば我々が探し出すのを待ち構えているように思います。宇宙は発見の宝庫です。この無限とも言える宇宙に、いったいどんな新しい発見が待ち受けているのでしょうか。

人類が宇宙への興味を持ち続け、宇宙への歩みを止めない限り、宇宙はこれからもエキサイティングな発見の場であり続け、我々に無限のインスピレーションを与え続けてくれるはずです。

Hawking's Universe

8

事実は小説よりも奇なりと言うが、
ブラックホール以上にその言葉が
ぴったり当てはまる場所はない。
ブラックホールはＳＦ作家が考えついた
どんなものよりも奇妙だが、
その存在は厳然たる科学的事実だ。

（『ビッグ・クエスチョン 〈人類の難問〉に答えよう』より）

Wakata's Universe

２０１９年４月、世界の約80の研究機関が協力して行った観測によって、ブラックホールの撮影が初めて成功したと発表されました。地球から約５５００万光年離れた「おとめ座のM87」という銀河の中心にあるブラックホールです。

ブラックホールというとSFの映画や小説などでよく登場しますが、「重力がとても強く光も脱出できない」と語られていることくらいしか、私もじつはあまりよく知らなかったというのが正直なところです。

ブラックホールはアインシュタインの一般相対性理論をもとにして、１９１６年にドイツの天文学者がその存在を推定した天体で、観測がとても難しく、今まで周囲の電磁波などから間接的に観測することしかできず、今回はその存在を証明する初の成果だったようです。また、多くの銀河の中心には巨大なブラックホールが存在し、銀河の形成にも関わっていて、ブラックホールの研究は宇宙の成り立ちの解明にもつながると期待されていると聞いたことがあります。

長年、ブラックホールに関しても研究を続けていたホーキング博士さえ、その存在を「奇妙」と言うくらいですから、私たちがそれを理解するのもなかなか難しいものかもしれません。きっと、この宇宙は「事実は小説よりも奇なり」という事象にあふれているのだと思います。

じつは、ＩＳＳの「きぼう」日本実験棟にある全天Ｘ線監視装置（ＭＡＸＩ）は多くのブラックホール候補天体の観測に成功しています。このＭＡＸＩは２００９年7月にスペースシャトルＳＴＳ－１２７ミッションでＩＳＳに運ばれ、私も「きぼう」のロボットアームを使った「きぼう」船外実験プラットフォームへの取り付けに参加したＸ線観測装置で、現在も運用中です。

Hawking's Universe

9

私たちは宇宙を理解するべきであり、
そしてそれは可能だと
私は信じています。

（『ホーキング、未来を語る』より）

いつか宇宙を完全に理解する日が来るのかどうかを考えると、そのすべてを理解することはできないだろうけれども、我々人類は一つひとつ学び続け、進化することができる優れた生命体だとは思います。ただ、宇宙の中で最も優れた存在かと言えば、なかなかそう思えない部分もありますから、謙虚に一歩一歩確実に学んでいく必要があるでしょう。

理解するにはとてつもなく深遠で広大な宇宙ですが、ホーキング博士は人類に対して「そこに挑戦するべきだ」という意図で、あえてこのような言葉を使ったような気もします。つまり、「探究し続けることに意味がある」ということではないでしょうか。

私は与えられた能力を上手に利用し、自分たちを取り巻くすべての物事の理解に努めていくことは、人類に課せられた使命であるように思います。その興味を失い、歩みを止めた時、おそらく人類は衰退していくのではないでしょうか。

「それぞれの銀河は数えきれないほど多くの星を中にもち、さらにそれぞれの星の多くが周りに惑星をもっています。私たちは、そのような無数にある銀河のひとつ、渦巻き状の形状をもった天の川銀河に住んでいます。そして、外側の渦巻きのアームにあるひとつの恒星の周りを回っているひとつの惑星に住んでいます」（『ホーキング、未来を語る』より）

ホーキング博士のこの言葉から、いかに我々や地球という星の存在が、広大な宇宙の中の一点に過ぎないかという博士の視点がうかがえます。

宇宙には海岸の砂浜の砂粒ほどに無数の星々があって、地球という惑星はその中の砂一粒に過ぎません。私たちが知らない世界の広大さ、向かうべき領域の深遠さ、学ぶべきことの多様さを考えると、宇宙に対する畏怖の念を抱くとともに、その無限の可能性に心が躍ります。

天文学では古代から、「地球は宇宙の中心にあって、太陽や月や星がこの地球の周りを回っている」という天動説が長い間信じられてきましたが、それが科学的な観測技術の発達によりそのドグマを抜け出し、地動説に完全に置き換わったのはわずか300年ちょっと前のことです。

「井の中の蛙《かわず》」であった人類が、宇宙のことを知り始めたのはほんの最近のことで、それでも科学によって獲得した一つひとつの知見を通して、様々なことを学び、少しずつ視野を広げつつあります。

私は埼玉県で生まれ育ちましたが、祖父母の家が九州にあり、幼い頃に飛行機に乗って帰省することがありました。その時は飛行機の窓から地上を眺め、子ども心に「日本は広いな」と思っていました。

中学2年の夏にアメリカにホームステイした時、生まれて初めて日本を出て、いろいろと見聞きする中で「日本はこんなに小さかったんだ」と思い直しました。もちろんその経験は、あらためて祖国の素晴らしさに気づく機会でもありました。

その経験から約20年後に、初めて地球を離れ、スペースシャトルの窓から青い水惑星を眺める機会を得ました。スペースシャトルは地球を約90分で1周してしまうので、「かけがえのない、ふるさと地球はこんなに小さかったんだ」と感じずにはいられませんでした。

人類はこれから自分たちのゆりかごの地球から飛び出し、広大な宇宙への旅を重ねることで、様々な新たな知見を得ることでしょう。そして、その経験は、私たちが住む星のことをより深く理解し、守っていくことにもつながるものだと思います。

第 2 章

科学についての対話

Hawking's Universe

10

宇宙開発のおかげで科学は魅力的なものとなり、
テクノロジーの進歩が加速した。
今日の科学者のなかには、
月着陸に触発されて科学の道に進んだという人や、
人間のことや宇宙のなかでの
人間の居場所のことをもっと知りたくなって
科学研究を志したという人たちが大勢いる。
月着陸は、
地球をひとつの全体として見るよう促して、
私たちの惑星、地球について新たな展望を与えた。

（『ビッグ・クエスチョン　〈人類の難問〉に答えよう』より）

私もアポロ11号の月着陸を5歳の頃にテレビで見て、感動と衝撃を受けた一人です。ブラウン管の白黒映像の中に浮かぶ、船外活動服を着て月面をジャンプして動き回る宇宙飛行士の姿を、驚きを持って見ていました。「いつも眺めているあの月に今、自分と同じ人間がいるんだ」と思うと幼心にも感慨深かったです。

それから小学1年生の時の担任の先生が、「テストの問題の回答を書き終えたら、テスト用紙の裏に好きな絵を書いていいので静かに終了時間まで待ちなさい」とおっしゃったので、よくテスト用紙の裏にはアポロ宇宙船や月への飛行の経路らしき曲線を描いたりしました。また、図書室などでも宇宙関連の本を読むようになり、月着陸の生中継のインパクトは私にはとても強かったようです。

ただ、その頃、有人宇宙飛行を行っていたのは米国と旧ソ連だけであり、宇宙飛行士たちの交信も私には理解できない英語とロシア語であったので、幼心にも「宇宙に行けるのは外国人だけなんだ」と漠然と思っていたようです。

宇宙に行くことは、雲をつかむような実現不可能な夢のようにとらえていたのが私の幼少期でしたが、航空機にも強い興味を持っていました。小学1年生のクラスの文集の寄せ書きには、同級生が将来なりたいものとして、プロ野球の選手や学校の先生などそれぞれの夢を書いていましたが、私はパイロットになりたいと記していました。つまり、航空機を作ったり、飛ばしたりする仕事を、当時の日本人の職業として実現可能な目標ととらえ、それをめざしたいと考えていたようです。

振り返ると、私は小さい頃からロマンチストではなかったようです。できそうもないことに憧れるのではなく、小さくても実現可能な目標を定め、それを実現した時のことを思い描いて、課題にチャレンジしていくタイプでした。

私は高校まで生まれた埼玉で過ごしました。その後、九州大学の工学部航空工学科で幼い頃からめざしてきた飛行機について学ぶ機会をいただき、同大学院でも航空機の強度に関する研究に打ち込みました。

そして、卒業後は目標叶って日本航空の整備の仕事に就くことができました。大学3年生の時に、520名の尊い人命が失われたジャンボ機の御巣鷹山墜落事故をテレビで目の当たりにしました。事故機の構造修理が原因だったこともあり、勉強してきた航空機構造の技術を活かして航空機の安全な運航を支えたいという気持ちから志望した職業であり、大きなやりがいを感じながら充実した仕事に毎日取り組んでいました。

日本航空在職中に、当時のNASDA（現JAXA）が宇宙飛行士の候補者を募集していることを知り、子どもの頃にテレビで見た月着陸の光景がフラッシュバックしました。「挑戦するだけでもいい経験になる」という気持ちで応募しましたが、まさかそれが私の人生のターニングポイントになるとは思いもせず、そしてその先に宇宙飛行士への道が拓かれるとは予想もしていなかったのが事実です。

子どもの頃に月着陸の光景をテレビで見て、あの興奮と感動を心に刻んでいなかったら、宇宙飛行士という仕事に対する興味は生まれていなかったですし、その意味では私も確実にアポロの月着陸に影響を受けた一人だと思います。

ホーキング博士は人類の月着陸を、「地球をひとつの全体として見るよう促して、私たちの惑星、地球について新たな展望を与えた」と言っています。私も宇宙に飛んで、宇宙船や国際宇宙ステーションから地球を眺めた時、その美しさと存在感に圧倒されました。そして同時に、全人類にとってこの惑星は、広大な宇宙にたった一つしかない私たちの故郷なのだと肌で実感しました。

国際宇宙ステーションが飛ぶ地上から高度約400キロメートルの軌道からは、直径1万3742キロメートルの地球全体を一望することはできませんが、国際宇宙ステーションは地球を約90分で1周してしまうので、巨大だと思っていた地球が小さな存在であることにも気づきます。

アポロ計画のように、もっと地球から離れて、月に向かう途中や地球から約38万キロメートル離れた月面からであれば丸い地球の全体像を眺めることができ、「地球をひとつの全体として見ている」という感覚をより強烈に持つのかもしれません。

Hawking's Universe

II

私がこの身をもって、
宇宙旅行には誰でも参加できるのだ
ということを示せたなら、うれしく思う。
宇宙旅行の興奮と驚きを伝えるためにできることは、
たくさんある。
そして、できることのすべてを実際にやるかどうかは、
革新的な起業家たちとともに、
私のような科学者の肩にかかっていると思う。

（『ビッグ・クエスチョン〈人類の難問〉に答えよう』より）

ホーキング博士は、「パラボリックフライト（航空機による放物線飛行で無重量状態を体験できる）」にも果敢に挑戦しており、宇宙旅行に行くことを強く夢見ていました。その願いが叶わぬまま亡くなってしまったことは非常に残念ですが、ホーキング博士がもし宇宙に行っていれば、きっと誰よりも熱く、その興奮と驚きを私たちに伝えてくれたと思います。

宇宙旅行はこの先、確実により身近なものになっていくことでしょう。すでに国際宇宙ステーションに滞在した民間人旅行者が何人もいます。

2009年、私が国際宇宙ステーションに滞在中、アメリカの実業家のチャールズ・シモニーさんと2週間ほど一緒になったことがありました。彼はマイクロソフト社でエクセルなどを開発したプログラマーでもあり、その時は彼の二度目の宇宙旅行でした。現在、民間人で8人の宇宙旅行者が国際宇宙ステーションを訪れましたが、彼はその一人です。

シモニーさんは宇宙へ行くことを少年時代から渇望してきた方でした。多額の旅行費用を支払い、当然リスクもある中での宇宙旅行を実現させたわけですから、宇宙への夢は並々ならぬものです。人一倍の情熱と確固たる価値観を持って宇宙旅行に挑んでいるように感じました。国際宇宙ステーションに滞在中は、地上の子ども向けに無線交信教育イベントに参加したり、実験や地球観測の写真撮影なども行い、宇宙での生活を堪能していました。

当時、彼はロシアのソユーズ宇宙船に乗船して宇宙旅行を実現させましたが、その時の旅行費用は、1回目が2100万ドル（約23億円※2020年4月時点で1ドル110円で換算、以下同様）、2回目が3500万ドル（約38億円）程度だと聞きました。

NASAでも早ければ2020年から国際宇宙ステーションへの商業宇宙旅行を認める方針を発表しました。実施は年間2回、最長30日までの旅行期間です。食費や通信費などを合わせた滞在費は1泊3万5000ドル（約385万円）だそうです。これに加えて宇宙船による往復交通費は5800万ドル（約63億円）。やはり、まだまだ「交通費」がものすごく高いですね。

近年は、民間企業による宇宙開発事業への参入も続いています。アメリカではボーイング社やイーロン・マスク氏が率いるスペースX社が、NASAの支援を受けながら、国際宇宙ステーションへ宇宙飛行士を送る新型有人宇宙船の開発を進めており、2020年5月にはスペースX社のクルードラゴンが初の有人テスト飛行の打ち上げに成功しました。日本においても宇宙関連のベンチャー企業が増えつつあり、JAXAもさらなる民間企業との連携に積極的に取り組んでいます。こういった流れは今後も加速し、多岐に渡っていくと思われます。

ホーキング博士が言うように、宇宙旅行の未来、そして人類がさらに宇宙への進出を加速させていくうえで、科学者と起業家（実業家）の役割には非常に大きな意味があります。一見、科学者と起業家は異なる土俵の上にいるようですが、宇宙というフロンティアにおいて、新しい発見、知見、価値を見つけ出そうとしていることについては、共通するものがあるように思います。宇宙の構造や様々な現象を追究し明らかにしていく科学者と、その発見で得た知見や技術を人類の生活や文明の発展のための経済活動にいかに利用するか、そのアイデアと実行力を起業家が担っていると思います。

科学者であるホーキング博士は、こう言っています。

「私たちはいま、新しい時代の戸口に立っている。ほかの惑星に人間を送り込むことは、もはやSFではない。それは科学的事実になりうることなのだ。人類はひとつの種《しゅ》として、二百万年ほども存在してきた。一万年前に文明が始まって以来、進化は着実にスピードを上げている。もしも人類がこれから先、さらに百万年ほど存続するなら、私たちの未来は、まだ誰も行ったことのない場所に大胆に行くかどうかにかかっている。私は最善の

結果を期待している。そう願わずにはいられない。ほかに道はないのだから」（『ビッグ・クエスチョン〈人類の難問〉に答えよう』より）。

「宇宙飛行だけが人類を救える」と考えていたホーキング博士のメッセージに呼応するように、月や火星旅行に向けた有人宇宙船の開発を推進する起業家イーロン・マスク氏は、奇しくもこんなことを言っています。

「『意識』は非常に稀少かつ貴重なものであり、われわれはこの意識の光を守るために可能な限りの手段を講じなければなりません」「われわれは人類を多惑星に住む種にするために最善を尽くし、意識というものを地球の外にも広めなくてはなりません。行動すべきはいまなのです」「われわれが宇宙を旅する文明となるために必要なブレイクスルーは、宇宙旅行を飛行機での旅行と同じようなものにすることです」（https://wired.jp/2019/09/30/elon-musk-just-unveiled-starship-spacexs-human-carrying-rocket/ より）。

そのチャレンジの道程には当然、失敗することもあるでしょう。しかし失敗は停滞や後退ではありません。今まで国家という大きな枠組みの中で進められてきた宇宙開発事業が、今後はその門戸を広げ、起業家を含む様々な分野の人たちが加わりながら、ともに連携し、相乗効果を生み出すことで、さらに進化を遂げていくことを私も期待しています。

Hawking's Universe

12

科学の試みと技術革新によって、
地球上の問題の解決に努めながら、
広大な宇宙に目を向けなければならない。
そして私は、いずれはほかの惑星上に
人類が住める場所を作ることについては楽天的だ。
私たちは地球を超えて、
宇宙で生きていくすべを身につけるだろう。
これは物語の終わりではなく、
生命がこれから何十億年も
宇宙で繁栄する物語の始まりにすぎない。

（『ビッグ・クエスチョン 〈人類の難問〉に答えよう』より）

Wakata's Universe

ホーキング博士ほど、地球人類や地球文明が直面している諸問題に警鐘を鳴らし続けた科学者は稀だったように感じます。と同時に、その対策として人類の宇宙への進出を強く促した科学者としても、ホーキング博士が突出しているという印象を持ちます。

ホーキング博士は現在の地球上の状況を踏まえ、この先も人口が増大すれば、限りある資源の奪い合いが起こって人類の生存が脅かされると考えていました。さらに、そういった状況が続けば、「社会的・政治的な緊張も高まり、1962年のキューバ危機のような危機一髪のケースも増えていくだろう」と語っていました。そして、こうも。

「次の千年間のどこかの時点で、核戦争または環境の大変動により、地球が住めない場所になるのはほぼ避けられないと私は見ている。千年は長い時間だと思うかもしれないが、地質学的な時間スケールで言えばほんの一瞬だ」（『ビッグ・クエスチョン〈人類の難問〉に答えよう』より）

このメッセージにも残されているように、ホーキング博士は現代から近未来に予測されている数々のリスクに対し、危機感を持っていたことがわかります。我々もそのリスクに対して、人類の生存を懸けて手を打たなければならないのは明白です。そして地球上にある諸問題の解決に向けた取り組みを行うと同時に、その取り組みの一環として宇宙へ目を向けることが大切だとホーキング博士は言うのです。

「地球の外に目を向け、これから2世紀以内に宇宙へ入植することがただ1つの打開策であり、さもなければ人類は死に絶える」（『3分でわかるホーキング』より）

ホーキング博士は、有人宇宙開発の積極的な支持者でもありました。そのため、「有人宇宙開発の研究予算が縮小され続ければ、人類が行き詰まりの未来を迎える恐れがある」とも主張していました。このようにホーキング博士は預言めいた深刻な警告を残していきます。

その一方で、自身を楽観的と評し、人類の宇宙への進出に対して明るい展望も語ってくれていたのは、宇宙開発の現場で働く私にとってはうれしいことです。

人類がその活動の場を宇宙空間に拡げ、その生存圏を他の惑星にまで拡大した時、それでも人類の宇宙を舞台にした物語は終わらないと、ホーキング博士は言っています。終わるどころか、「我々がこれから何十億年も宇宙を舞台にして繁栄を続ける物語の始まりにすぎない」というわけです。なんて壮大なビジョンなのでしょうか。

そんな時代を迎えた時、その時代に生きる宇宙飛行士たちはきっと宇宙空間を縦横無尽に駆け巡っていることを夢想すると、とてもうらやましい限りです。私も一人の宇宙飛行士として、そんな時代を生きて経験したいものです。

人類で初めて宇宙飛行を成し遂げた、当時ソビエト連邦の宇宙飛行士ユーリ・ガガーリンが、こんな言葉を残していたと伝えられています。

「明日は何が可能になるだろう。月への移住、火星旅行、小惑星上の科学ステーション、異文明との接触……。今は夢でしかないことも、未来の人々には当たり前のことになるだろう。だが、こうした遠い惑星探査に我々が参加できないことを落胆することはない。我々の時代にも、幸運はあったのだ。宇宙への第一歩を記すことができたという幸運だ。我々の後に続く者たちに、この幸運をうらやましがらせようではないか」

今、我々が立っている時代は、これから幕が開ける広大な宇宙を舞台にした「人類繁栄の物語」の序章に過ぎません。でも、そのタイミングに生まれ合わせた幸運に感謝しながら、私も今与えられている仕事を果敢に続けていきたいと思います。

Hawking's Universe

13

四次元でものを見るなど、誰にもできませんよ。
三次元でも難しいのですから。
わたしがやるのは、四次元全体の一部であると
頭にとどめておきながら、
まず二次元に区切ってヴィジュアライズすることです。
この幾何学的なものの見方は、
特異点定理の証明や、ブラックホールの放射を含む、
ブラックホールについての作業に役立ちました。
わたしの障害は複雑な方程式の書きとめを困難にするので、
むしろこういった幾何学的な解釈ができる
問題のほうがいいのです。

（https://wired.jp/2015/07/25/stephen-hawking-interview/ より）

Wakata's Universe

ホーキング博士が問題を解く時、その脳内での思考プロセスを、ホーキング博士の友人である物理学者キップ・ソーンが「両手の自由を失うにつれ、他の誰も獲得したことのない強力な能力を発展させてきた。脳内で、三次元の物、曲がり目、表面、形などを自在に操る能力だけではなく、それらを四次元の時空内で想像することも可能なのだ」と証言しました。

このことを聞いたホーキング博士がその一部を否定しながらも、思考のプロセスを前述のインタビューで答えてくれたわけですね。

私は日頃から、理論物理学者がどのようにして理論を構築しているのかに興味を持っています。方程式で事象をとらえて解いていくという手法は有効なのでしょうが、その前に宇宙の構造や運動の詳細なイメージをすることが必要だと思っていました。ですから、ホーキング博士が宇宙を考える時、脳内でのヴィジュアライズを大切にしているという点は合点がいきました。ただ、とても真似ができるような気はしないですが。

ホーキング博士が宇宙を思考している時、彼の脳内の宇宙を飛び回ってみたいものです。

Hawking's Universe

14

たとえ時間旅行が
不可能と判明しても、
どうしてそれが不可能であるかを
理解することは重要なのです。

(『ホーキング、未来を語る』より)

Wakata's Universe

不可能と判断された物事についてては、なぜ不可能なのか、その理由や根拠を知り理解することで、その本質が見えてくることもあります。

時間旅行に関して言えば、そもそも物理法則として不可能なことなのかもしれませんが、ホーキング博士が述べるように単にそれだけで終わらせず、不可能と思われる理由を深掘りして考えてみることも大切です。だいたいにおいて、不可能と言われた物事は、「現状において不可能」とされたことが多いとも思います。

時間旅行が不可能な理由は、既存の物理法則にそぐわないということからですが、逆に考えると既存の物理法則を凌駕する新発見がなされれば、それが可能となるかもしれません。

テクノロジーの大きな進歩、科学的ブレイクスルーがあれば道筋が立つ問題なのかもしれません。そこを考える過程の中で、時間旅行の本質とも言える宇宙の構造や時空の成り立ちへのさらなる理解にもつながります。

そもそも、我々が享受している科学的な理論や文明の利器は、過去の時代においては不可能と考えられていたことばかりです。想像すらもされなかったものもあります。そのような意味では、不可能を不可能で終わらせず、その理由をつぶさに考えてみることは、それを可能とする鍵となり、新たな発見の種とも言えます。

ホーキング博士は時間旅行に関して、いくつか言葉を残していますが、その中には「**タイムトラベルが本当にできるものなら、未来からの観光客が押し寄せていることだろう**」(『**3分でわかるホーキング**』**より**)といった、その可能性を否定的に考えたコメントがあります。

しかし面白いことに、晩年には「**タイムトラベルは昔、科学的に異端だった。変人扱いされるのが怖くて話題にすることを避けてきたが、今はあまり気にならなくなった**」(『**3分でわかるホーキング**』**より**)といったように、可能性を肯定的にとらえたと思える言葉もあります。

ホーキング博士は頭の中でどんな道筋を発見し、不可能と考えていたタイムトラベルの可能性を見出したのか、興味があるところです。

Hawking's Universe

15

何かの理論が間違っていないという
実験結果が何度出たとしても、
絶対に次の実験で
矛盾が見つからないとは言い切れない。

（『3分でわかるホーキング』より）

Wakata's
Universe

科学においては、既存の一般理論に矛盾が見つかり、そこに疑問が投げ掛けられ、その研究をさらに深めていく中で、既存の理論が新しい理論に塗り替えられて発展してきた、という面があります。

言葉遊びのように聞こえますが、どんな物事や事象にも「絶対ということは、絶対にない」と言えます。だからこそ、世界は面白いのかもしれません。

第3章

人間についての対話

Hawking's Universe

16

人間の頭脳は、信じられないほどすばらしい。
壮大な天空を描くこともできれば、
物質の基本構成要素のような複雑なものを
考えることもできる。
だが、ひとりひとりの頭脳が、
その潜在能力をフルに発揮するためには、
きっかけになるものが必要だ。
それまでなんとも思っていなかったことに
疑問を抱いたり、
不思議だと感じたりする必要がある。

(『ビッグ・クエスチョン〈人類の難問〉に答えよう』より)

Wakata's Universe

これはホーキング博士に限ったことではありませんが、科学における真理を追究することに魅せられた方々が持つ好奇心のエネルギーには圧倒されます。

我々は普段の生活の中で、そもそも事象や物事の理由を理解していなくても、それを不思議だと思わなかったり、不思議であると感じているけれどもわざわざ「なぜか？」を突き詰めようとはしないまま過ごしてしまっていることが多いのではないでしょうか。

しかし、ここまで多くの自然界の摂理、科学的な原理原則が解明され、我々がその英知の恩恵を享受しているのは、ひとえに科学的探究心をもって新たな知見を獲得するために努力してくださった多くの先人たちのおかげだと思います。

少しずつ未知を既知に変えていくことで、人類は発展してきました。その喜びこそが科学する心の原動力と言っても過言ではありませんが、ホーキング博士もまさにその喜びを求めた人だったはずです。この宇宙の成り立ちや行く末に思いを馳せ、無限の宇宙を理解したいという一心で、科学者としての道を歩んでいたと思います。

「宇宙」という言葉はじつに象徴的で、ホーキング博士がテーマとした我々の太陽系や銀河系を含む外なる宇宙空間もあれば、人の体内や細胞等のミクロの宇宙、また心（精神）の宇宙もありますし、未知なる部分が多いことで言えば深海の世界も人類のフロンティアである宇宙の一部です。

その未知なる領域を探究して、知らなかったことを知る喜びを感じ、新たな知を得るプロセスに魅せられた方々がホーキング博士のような研究者なのでしょう。

私たちもみな、世界の不思議に対して「なぜだろう？」と思う好奇心を持つことが大切です。そうすればホーキング博士が言うように、人間は普段使わなかった脳の部分を使うようになって、潜在能力をもっと発揮できるでしょうし、みなさん一人ひとりの新しい未知を既知に変えることを楽しめるようになると思います。そこから新たな工夫のアイデアが生まれたり、新たな興味の対象を発見できたりと、人生の楽しみが広がることにつながるのではないでしょうか。

Hawking's Universe

17

宇宙旅行のような
新しい挑戦に向かうつもりなら、
人類は自分たちの精神と肉体的な質を
改良する必要があるでしょう。

（『ホーキング、未来を語る』より）

Wakata's Universe

無重量環境の国際宇宙ステーションに滞在中、私は様々な身体の状態の変化を経験しました。

ヒトは地上では身体の位置や動きを、三種類の感覚器官の情報によって判断しています。目からの情報、耳の奥のほうにある前庭や三半規管で感じる情報、筋肉や腱などにある深部感覚という筋肉の張り方や圧迫などの情報の三つです。

地上では、目からの情報以外の前庭器官と深部感覚の情報は重力があって初めて正確なものとなるのですが、宇宙では見かけの重力がないため脳の中は混乱し、これが宇宙酔いの原因として最も有力視されているものです。

地上では重力で体液が身体の下のほうに向かって引っ張られていますが、国際宇宙ステーションでは無重量状態のため、地上とは異なって体液が上半身にシフトすることで顔がむくんでしまう「ムーンフェイス」になったりします。顔がむくむムーンフェイスの状態は、逆立ちした時に顔に血が上る感じに似ています。国際宇宙ステーションでは体液シフトのために足が細くなったり、また、無重量環境のために椎間板《ついかんばん》の抑えがとれて、身長が数センチ伸びたりすることもあります。

国際宇宙ステーション上では、重力の負荷がないため、地上では日常使っている歩行等に必要な筋力が運動をしなければ衰えます。普段の地上の重力下の生活では、破骨《はこつ》細胞による骨の破壊（骨吸収）と骨芽《こつが》細胞による骨の形成が繰り返され、常に新しく骨が作り替えられていますが、宇宙ではこのバランスが崩れて骨吸収が進み、骨密度が低くなるとともに構造が変化し、骨強度が低下しもろくなります。結果的に骨量が減少して尿からカルシウムが排出されます。筋萎縮や骨密度の低下を抑えるために、1日約2時間の体力トレーニングが毎日の宇宙でのスケジュールに組み込まれています。

地上の日常生活での放射線被ばく線量は、1年間で約2・4ミリシーベルト程度です。国際宇宙ステーション滞在中の被ばく線量は、1日あたり0・5〜1ミリシーベルト程度となり、地上での約半年分に相当します。ですから、放射線被ばくを適切に管理するために、国際宇宙ステーション滞在中の宇宙飛行士は放射線被ばく量を測定する線量計を携帯しています。

このように地上からわずか400キロメートル上空でしかない地球低軌道の宇宙空間でさえ、人間の身体には様々な影響を及ぼし、健康を維持するための対応が必要となってきます。

今後、人類が国際宇宙ステーションのある地球低軌道から月、火星へとその活動領域を拡げ、我々の故郷の地球とは異なる環境の下で長期間生活をするような時代を迎えた時、人類はその肉体と精神を、その環境に順応させていかなくてはなりません。

さらに言えば、たとえば他の惑星に移住するとしたら、そこは地球とまったく同じ環境ではないはずです。その星で生まれた人類は、その星の環境に適応した身体的な発育を遂げることになるでしょう。その時、彼らはある意味、純粋な地球人ではなく、地球由来の新人類とも言えます。

人間が宇宙へ進出するということは、自らを宇宙の新たな環境に適応できる生命体へと変化させていくことに他なりません。

Hawking's Universe

18

私たちの知っているものの中で、
もっともずばぬけて複雑なシステムは、
実は私たちの体自身です。

（『ホーキング、未来を語る』）より

Wakata's Universe

宇宙飛行に向けた訓練には、救急医療の訓練もあります。米国ヒューストンの救急医療病院での訓練の中で、事故で瀕死の重傷を負った患者の手術を見たことがありました。その時、強く印象づけられたのは、やはり人間の身体は非常に精密で完成された機能的なシステムであるということでした。

人間の身体は様々な臓器がコンパクトに配置され、うまく連携して働いています。脳や神経系等がそのシステムをコントロールし、身体中に流れる血液は、酸素や栄養素の運搬、さらにホルモンや老廃物の運搬、免疫作用、体温調節等、生命維持に不可欠な重要な役割を果たしているわけです。人体には必要なものが無駄なく備わり、調和を保って複雑な生命体としてのシステムを維持しています。

私は日々、人体の複雑な機能をあまり意識することなく生きてきましたが、人体の不思議に考えを巡らせた時、あまりに精巧なその仕組みに感嘆しました。

以前、俳優・ダンサーの森山未來《みらい》さんとＪＡＸＡ機関誌の対談でお話しする機会がありました。その時、森山さんから『Powers of Ten』（１９６８年）という映像作品があることを教えてもらいました。有名な家具・建築のデザイナーであるチャールズ・イームズ氏とその妻であるレイ氏が監督した作品で、宇宙と人間、陽子や中性子の大きさの旅がテーマになっている短編作品です。今から50年ほど前に制作された作品で、じつに興味深いものでした。

最初は芝生に寝転ぶ男女のシーンから始まります。画面の隅に縮尺が表示されていて、映像が10メートル、100メートル、1000メートルの視点とどんどん上昇していきます。最初の男女から、街、国、大陸、地球へと視点が広がり、太陽系内の惑星群を通り過ぎ、太陽系を飛び出し、ついには銀河系を飛び出して銀河団を見渡す映像が出てきます。

銀河団が輝く一点の光となって大宇宙の闇にのみ込まれた瞬間、今度は映像が急速にズームインして、再び地上の男女に戻っていくのです。しかし映像はそこで終わりません。今度は男性の手の皮膚を突き破って体内へと進みます。つまり、マクロの旅からミクロの旅へと変わるわけです。『Powers of Ten』というタイトルは「10のべき乗」という意味で、この作品はスケールを10倍ずつ変えて見えてくる世界を見せてくれます。

ミクロの旅は、いくつもの皮膚の層を通過し、毛細血管に入り、赤血球やリンパ球と出会い、その細胞、細胞核にあるＤＮＡ、分子、原子、原子核、最後には陽子と中性子にたどり着きます。そこでハッと気づきます。ミクロの旅で見てきたこの風景は、最初に宇宙空間というマクロの旅で見てきた風景と似通った光景だということに。その相似性が「ミクロコスモス」という言葉の所以《ゆえん》だと思います。

この作品を観た後、私は毛利衛宇宙飛行士が初めて宇宙飛行を行った時に経験したという、あるエピソードを思い出しました。

それは毛利さんがスペースシャトルの実験室にいて、顕微鏡で実験サンプルの細胞を観察していた時のことです。毛利さんはちょっとリラックスしようと、ふと顕微鏡から目を離し、宇宙船の窓から外を眺めました。その時、顕微鏡で細胞を丹念に観察しながら、ひょいと目をやって地球を観察するのは、顕微鏡で細胞を一個ずつ一生懸命に見ているのと結局は同じではないかという気持ちになったそうです。宇宙船の小さな窓から地球上の人間の営みを見ることが、地球の中の細胞を一つずつ見ていることに相当しているような考えが頭をよぎったそうです（参考図書『毛利衛、ふわっと宇宙へ』朝日新聞出版）。

つまり、顕微鏡の中のミクロの細胞と宇宙船の外にマクロに広がる地球表面の様子が相通じていて、その構成が連続性を持っていること、そして生命体の営みなど地球規模で起きている現象が、すべて外の宇宙ともつながっているという気づきであると、私は毛利さんの言葉を聞いて感じました。奇しくもホーキング博士も「宇宙のあらゆる現象が深いところでつながっている」とインタビューで述べていたことがありました。

また、iPS細胞によってALSの進行を遅らせることに成功した研究が発表された時、ホーキング博士は「**細胞そのものが宇宙なのです**」（ディスカバリーチャンネル『ホーキング**が語る幹細胞と再生医療』より**）と、再生医療の研究の奥深さを語っていました。

細胞のDNAに関しても、「**DNAの複製機能が組織の成長や修復を可能にし——生命は繁殖していきます。この複製能力こそが私たちが地球に存在する鍵です。それは無限とも言える可能性を秘めています**」（ナショナルジオグラフィック『ホーキング博士のジーニアス～**命とは何か～』より**）という言葉を残しています。

ホーキング博士は私たちを取り巻く広大な宇宙空間だけではなく、私たちに内在するミクロコスモスにも想いを馳せていたように思います。私も宇宙というものは、果てしなく外に広がるマクロな空間だけではなく、素粒子の大きさからさらにミクロに存在する世界へと連続した存在であり、また私たちの心という精神も宇宙なのだと思います。宇宙の「宇」は空間を意味し、「宙」は「過去、現在、未来」という時間を表しており、「宇宙」は果てしなく連続する時空を表現している言葉というのもうなずけます。

このような視点に立って物事をとらえてみようと試みると、今まで何か見逃したまま気づけなかった多くのことが、発見できるような気がしています。

Hawking's Universe

19

女性は完全なる謎ですね。

(『The New Scientist, 2012』より)

Wakata's Universe

「同感だ」と言ったら、いろいろ支障がありますので。この問題は、私も日々理解に努めているところです（笑）。

Hawking's Universe

20

他の障害者へのアドバイスはこうです。
障害のせいでできないことに
目を向けるのではなく、
障害があっても上手くできることに
集中してください。
身体は障害を負っていても、
気持ちまで障害者にならないでください。

（『the New York Times,2011』より）

Wakata's Universe

肉

体的な障害を持った生活がどれほどの苦労を要するものか、私は推し量ることしかできません。ただその身をもって、この言葉通りの生き方を示してきたホーキング博士だからこそ言える、説得力のある言葉です。

また、何かの理由でうまくいかないことがあっても、「上手くできることに集中する」というのは、どんな人にも通じる前向きな生き方だと思います。

「上手くできることに集中する」というホーキング博士のおっしゃっていることは、閉鎖環境の国際宇宙ステーションの中で半年間滞在した時にも、心がけたことでした。家族や友人と一緒に時間を過ごしたり、大好きな寿司や野菜サラダを食べたり、そよ風の中で野球をしたり、そんな普段の生活でしていることが半年間もできないという制約が宇宙での生活では余儀なくされます。

その中で、宇宙での実験等の成果を最大化することに注力すると同時に、心身の健康を維持し、長丁場の宇宙滞在を乗り切るために、今宇宙で自分ができること、電話やビデオ・チャットで家族や友人、同僚とのコミュニケーションを絶やさず、運動することで心理的にもリラックスし、決して無理せず睡眠を十分にとり、週末は休むといった、宇宙での「今できること」をしっかりやることに集中しました。

このような経験は新型コロナの影響で、家で過ごす時間が増えている時にも役立っていると思います。自宅にいても、普段の生活からリズムが変わらないように、毎日、日課を決め、自分のすべきことのスケジュールをしっかり立てて過ごし、家族や友人、そして職場の同僚と物理的に会えなくても、オンラインで密なコミュニケーションを維持することで、なんとか乗り切っています。

今できないことを考えるのではなく、今しかできないことを楽しむ。行動で迷ったら、「今、なぜこのことに取り組んでいるのか」という根本の理由に立ち返って、今、自分がやるべきことが何かを、もう一度考えることで気持ちが楽になると感じます。

Hawking's Universe

21

人類最大の業績は
会話をすることによって生まれ、
人類最大の失敗は
会話をしないことで起こる。
――そんなことではいけない。

（『3分でわかるホーキング』より）

Wakata's Universe

相

手が何を考えているかわからないと、誰しもいぶかったり、恐怖心を抱いたりするものです。しかし相手の意図や意味がわかると、安心します。

人類は言葉による意思疎通があればこそ、人種や国や文化の違いを越えて、相互理解に努めることができます。そして、世界はインターネットを含む様々な通信や交通の手段により、ここまで近く、緊密になりました。もちろん、相互理解の面においては、まだまだ足りない面もありますが、円滑なコミュニケーションは相手を知り、自らを相手に理解してもらうために不可欠なものです。

日本語には阿吽《あうん》の呼吸という表現があります。「そんなの言わなくてもわかってもらえる」「察してもらえる」という場面で使われますが、日本人同士では不思議とテレパシーのように通じることでも、これが限られた時間しか接することができない外国人と仕事をする時、阿吽の呼吸に頼るとまずいことになりがちです。

たとえ話す言語が違っても、同じ環境で育っていたり、一緒に過ごす時間が長く、相互に相手の考えていることを的確に推測できる関係になっていたりすれば、阿吽の呼吸はあり得ると思いますが、文化や習慣、さらに言語が違う者同士等の場合、相手の忖度《そんたく》を期待するのは危険です。

その場合、できる限り白黒はっきりさせるような気持ちで意思疎通を図ることが大切です。とくに宇宙飛行のように、ミスコミュニケーションがクルーの安全を妨げ、宇宙船の致命的なダメージにつながる可能性がある場では、中途半端な意思疎通は徹底的に避けなければなりません。

それも、どこまでが白か、どこまでが黒かという部分も推し量れないところがあるので、私は必ず細かい部分まで明確に意思疎通を図るように努めています。それが不十分で煮え切らないまま、こちらが理解したつもりでいると、結局、意思疎通ができていなかったことが最後になって判明したりします。

誤解が致命的な結末を招く可能性があるような会話においては、相手が何かを言ってきたら、私は相手から伝えられたと思うことの要点を、表現を変えて相手に伝え返して確認するように努め、不明瞭な意思疎通を避けることを意識しています。そういったやりとりの中で、相手が望むことや望んでいないことも、より明確にかつ効率的に理解できるようになり、コミュニケーションにミスが少なくなりました。

Hawking's Universe

22

意見交換は大いに助けになる。
相手の意見が参考にならなくとも、
誰かに説明するということは、
自分のために話を
整理することにもなるからだ。

（『3分でわかるホーキング』より）

Wakata's Universe

会議などの意見交換の場に出席する時、私は自分の考えの要点やキーワードをロジックとともに一度書き出してみるということをよくやります。そうすることで、頭の中でぼんやりとあったアイデアが話のつじつまや表現方法も含めて、より論理的にきちんとした形になってアウトプットできるメリットがあります。

また、ある程度、自分の考えが固まった時点で、その考えを文章にしています。「あれ？　こんなことを自分で考えていたかな？」と、自分の考えが思っていたより意外とまとまっていなかったり、論理的に破綻していたりなど、漏れや穴に気づくこともあるからです。

脳内の考えを文章という形で視覚化することは、あらためて自分の考えを整理して見直すことにもなります。頭の中を整理するための時間の確保が難しい場合も多いですが、意見交換の前にその過程を踏むことで、相手に自分のロジックをよりわかりやすく伝えることができます。

意見交換の場は、会議や立ち話程度の雑談など、様々なケースがあります。その目的も結論を出すために意見をぶつけ合ったり、落しどころを調整したりする場合もあれば、突破口を探るために新しいアイデアを出し合う場合もあります。

ただ、どんな場面であれ、お互いの考えをキャッチボールし合うことで、自分では考えもつかなかったような視点や発想を発見できることがあります。それこそが意見交換の最大のメリットかもしれません。

その意味で、異業種や異文化といった異なる立場から意見を述べ合うことで、効率的に新しい知見に触れることができ、結果としてイノベーションを生み出し、新たな成果の創出にもつながりやすいのではないでしょうか。

私は宇宙開発の仕事をしていますが、宇宙関連分野の専門性の高い方々だけで話していると、思いもつかなかったような斬新なアイデアに出会う場合が限られていると感じることもあり、ある程度の予想されるレベルまでしか話が行き着かないことがあります。

でも、そこに宇宙とは異なる分野の業種の方々、たとえばエンターテインメント業界の方が加わって、これからの宇宙環境利用について意見交換をする時、我々とはまったく異なる視点からのアイデアが出てきて、画期的で新しい宇宙利用の具体的な事業構想が生まれる可能性は高くなります。実際に、すでにいくつかの宇宙環境利用に関する事業が進められている状況がそのことを物語っています。

異業種糾合《きゅうごう》によるイノベーションは、今後様々な分野で拡大していくでしょう。同業種同士のグループ、言わば同じ村のコミュニティの中にいると快適で心地良いのですが、新しい発想という点に関しては、殻を破れないところがあるからです。

宇宙航空研究開発機構（ＪＡＸＡ）は国立研究開発法人で、ロケットや人工衛星、宇宙船、航空機など、宇宙航空分野の基礎研究から開発や利用まで、一貫して行っている機関です。２０１９年10月には日本政府が、米国が主導する月等の国際宇宙探査に参画することを決定しました。

今後、月周回拠点や月面に宇宙飛行士や宇宙機を送り込んで、探査活動を持続的に進めていくためには、月面を移動する車両やさらには月面基地の建設等も必要になってきます。ＪＡＸＡはロケットや人工衛星の開発では多くの実績がありますが、たとえば月面で人間が乗る車両（有人与圧ローバー）の開発経験はありません。そのため、すでに高い安全性と信頼性を誇る日本の自動車産業界の技術が重要になってきます。

月では、地球の約６分の１の重力があるので、基本的には地球上と同じように重力下で動く機器や道具が使えます。後はどれだけ軽量かつコンパクトで、温度や放射線等、月の厳しい環境に対して耐久性を持った乗り物を作れるかが課題なのです。月面有人与圧ローバーは我々がこれまで宇宙とは異分野であった産業界とも共同研究を進めている、その一つの例です。

ＪＡＸＡは「宇宙探査イノベーションハブ」という取り組みを通して、中小ベンチャーも含む多くの非宇宙分野の企業等と共同研究を行い、宇宙だけでなく、地上の事業化にも資する新たな技術開発の取り組みを進めてきています。そして、この取り組みで重要なのは、宇宙探査に向けた技術の共同研究で得られた成果が、地上の市場での製品化等、そのまま地球上での産業にも活用できることです。

これはホーキング博士が薦める「他人との意見交換」の話とも関連する、具体的な取り組みだと思います。つまり、バックグラウンドが異なる者同士の交流（コラボレーション）は、自分の立ち位置や考えを整理することにもなるし、またその結果が１＋１＝２ではなく、３や４という出口の広い成果を生み出すことにつながるわけです。

Hawking's Universe

23

私たち人類は肉体的には
非常に限られていますが、
心は宇宙全体を
自由に探検することができます。

（『ホーキング、未来を語る』より）

ホーキング博士が脳内で思考を巡らせてきた宇宙に、私は肉体で飛び出して行ったわけですが、地球の大気圏を抜けて宇宙に身を置いた時、目の前には広大無限の宇宙が広がっていました。

自分が今いるさらにその先に果てしなく広がる暗黒の宇宙空間は、様々な観測を通して、疑問を解き明かせば解き明かすほど、突き詰めれば突き詰めるほど、さらに新しい疑問が生まれてくる無限の世界です。まさに、それを追究し続けたのが、ホーキング博士だったのだと思います。

心や思考は、どこまでも自由自在に探究できる。それが人間という生命体に与えられた特権ではないでしょうか。一方、肉体的な部分は限界があり、我々は羽ばたいて空を飛びたくても当然飛べないわけです。でも、心や思考から生み出したテクノロジーを活用することで、宇宙に飛び出す文明をも築き上げました。

人類は肉体的な限界を超え、より遠い世界を探究できるようになったわけです。我々にはどんな肉体的な制約があろうとも、心や思考が自由である限り、人間に限界はないとホーキング博士は言っているのだと思います。

第4章

人生についての対話

どの学校を出たか、
誰と付き合いがあるかは関係ない。
何をするかが肝心だ。

(『3分でわかるホーキング』より)

Wakata's Universe

学歴や地位などのいわゆる社会的ステータスのようなもの以上に重要なのは、今、そして将来、何ができるか、どんな能力を発揮できるかということだと解釈しています。

ホーキング博士が言っている「何をするかが肝心」という点は、我々一人ひとりに常に問われていくように感じます。

社会的なステータスは、自分以外の第三者による評価の材料になる、いわば名刺代わりの情報とも言えるかもしれません。そうした自分が置かれた状況や自分が持つ人的ネットワーク等は、もちろん自らが実現する価値創造に一定の影響を与えます。しかし、ホーキング博士は、自分を取り巻く「殻」にとらわれることなく、その殻を打ち破って物事を成し遂げるために挑戦していくことの大切さを伝えてくれているのだと思います。

Hawking's Universe

25

人生はできることに
集中することであり、
できないことを
悔やむことではない。

(http://www.hawking.org.uk/
※オフィシャル・ウェブサイトより)

Wakata's Universe

ホーキング博士はケンブリッジ大学の大学院生の時、ＡＬＳ（筋萎縮性側索硬化症）と診断されたといいます。

ＡＬＳは当時、発症してから5年程度で死に至る病気と考えられていたそうで、人生これからという若い時にそのような悲劇に見舞われ、どんなに落胆しただろうかと思うと、その悲しみたるや想像に難くありません。

ただ一方で、ホーキング博士は当時の心境を振り返り、「**未来には暗雲が立ち込めていたが、驚くことに以前より人生を楽しめるようになり、研究も進むようになった**」（『**3分でわかるホーキング**』**より**）とも語っています。

ＡＬＳと診断された2年後に結婚し、子どもができて家庭を持ち、やがてケンブリッジ大学の教授にもなります。そして、「車椅子の物理学者」として広く世の中にその名が知られ、２０１８年に亡くなるまで50年以上の研究活動を続けました。難病と戦いながら生き抜いた人生でしたが、研究者として目覚ましいその活躍を考えると、驚くべき展開に転じた大逆転の人生だったと思います。

私は、ホーキング博士の功績には、二つの重要な点があると思います。一つ目は、誰もが認めるサイエンティストとしての比類なき研究成果と影響力。そして二つ目は、難病の

ＡＬＳというハンディキャップを克服し、見事に人生を好転させる偉大な実例を残した、という点です。

もちろん、決してきれいごとではなく、病気は歴然とハンディキャップとして博士の人生の様々な場面で立ち塞《ふさ》がり、筆舌《ひつぜつ》に尽くし難い多くの苦労や悲しみも背負っていたのだと思います。合成音声を使っての意思伝達、日常生活での不自由極まりない状況、そして病気が進行し、いつ命が脅かされるかわからないという不安と危機感が常にあったわけですから。

しかしながら、ホーキング博士が素晴らしいのは、普通の人間であれば生きる希望も勇気も萎えてしまうような状況の中、その悲劇にだけ自分の心を置かなかったことだと思います。「**不運にも運動神経系の疾患にかかってしまったが、それ以外はほとんどすべての面で幸運だった——とくに理論物理学を学んだのは幸運だった。理論はすべて頭の中のことだからだ。おかげで病気は深刻なハンディキャップになっていない**」（『ホーキング Inc.』**より**）とホーキング博士は言っています。

確かに、宇宙の謎や宇宙の成り立ちに脳内で想像を巡らすことには、ＡＬＳはハンディキャップになりません。ホーキング博士は自分に残されている力と可能性を信じ、見事に成果につなげ、偉大な科学者としての人生を開拓しました。

ホーキング博士には科学を探究するための類い稀な資質があったと思いますが、逆境の中にあっても自分の可能性を信じる強靭なメンタリティこそが、重要な「才能」だったように感じます。

我々はしばしば、自分ができない物事を悔やみ、自分にないものを欲し、他人にそれを見つけてはうらやみます。自分に足りないものについては、とても敏感ですが、自分の手の届くところにある幸運には鈍感なところがあります。

結局のところ、一人ひとりの人間を取り巻く状況や才能は千差万別です。強みも弱みもひっくるめて、すべてが人それぞれです。しかし、それは不幸なことではないはずです。一人ひとりが異なる種を持っていて、その花を咲かせる方法も道筋も千差万別なのだと思います。

いくつもある道筋の中で、ただ一つだけ共通するポイントがあるとしたら、自分がどういう人間なのかを知り、自分の才能を伸ばす方法を見つけ出し、それを信じて徹底的に努力をすること。それこそが、たとえ逆境の中にあっても、ホーキング博士のように自分の人生を輝かせることができる生き方なのだと思います。

Hawking's Universe

26

1つ、星を見上げること、足元は見るな。
2つ、仕事を決してあきらめないこと。
仕事は意味と目的を与えてくれる。
仕事がなければ人生は空虚。
3つ、幸運にも
愛を見つけることができたら、
その存在を忘れず、投げ出さないこと。

（『ABC News,2010』より）

一つ目の「星を見上げること、足元は見るな」というのは、自分のめざすものを見失うなということでしょう。

ゴールを決めてそこをめざそうとしたら、やはり乗り越えなければならない壁は何度も現れますし、脇道に逸らされそうになる障害物も出てきます。そんな時、雑多な出来事に振り回されることなく、しっかり自分がめざす「星」を見据えていれば、目標に到達できなくなるほど大きく脇道に外れることはないと。

二つ目の「仕事を決してあきらめないこと。仕事は意味と目的を与えてくれる。仕事がなければ人生は空虚」というのは、私自身の人生でも考えると大いに思い当たるところがあります。

妻には「あなたの趣味はやっぱり仕事だね」とよく言われるのですが、ホーキング博士と同じく、仕事は私に人生の意味と目的を与えてくれています。ですから、私から仕事を取ったら、どうしようかと少々とまどってしまいます。

若い時から好きなことは、いくつもあります。読書、映画や音楽鑑賞は大好きですし、絵を描いたり、鳥や景観の写真撮影も自分にとって好きな時間の過ごし方です。大学時代はハンググライダーやオートバイ（ロードバイクとオフロード）に乗るのもかなり熱中した趣味でした。

身体を動かしていないと気が済まないタチなので、ほぼ毎日スポーツジムに行ったり、ランニングもしたりしていますが、運動している時間は、精神的にとてもリラックスできて、いろいろ考えることができる貴重な「自由時間」にもなっています。運動は宇宙飛行士としての体力づくりの一環でもあるので、仕事半分趣味半分と言ったところでしょうか。

また、年に何回かは自分の好きな言葉を書道で書いてみるとか、短歌や俳句を詠んでみたりしていますが、趣味と言えるようなレベルではありません。

子どもの友だちの親御さんに趣味で絵を描く人がいて、セミプロみたいな腕前なので、少し教わったことがあります。油絵やアクリル絵の具で描くのですが、最近はなかなか時間がとれずに頓挫しています。

これでおわかりかもしれませんが、気晴らしする物事はいくつかあっても、本格的に趣味と言えるものが今のところないのです。これはもう一生現役でいくしかないのかなと思っています（笑）。でも、いつか好きな絵を描ける時間をとれたらいいなと思っています。

三つ目の「幸運にも愛を見つけることができたら、その存在を忘れず、投げ出さないこと」。このことに関しては、幸運にも私はそれを見つけることができました。両親と弟、そして妻と息子には心から感謝しています。家族の理解とサポートがなければ、私は宇宙飛行士の仕事を続けていくことはできなかったと思います。その意味では、JAXAと各国宇宙機関の仲間たちにも深く感謝しています。彼らには、宇宙飛行の現場での仕事を続ける中で様々な場面で支えてもらっています。

Hawking's Universe

27

行き詰っても、逆上してはいけない。
何が問題かを考え、他の方法を試す。
前に進む道を見つけるのに
何年もかかることもある。
ブラックホール情報パラドックスには、
29年かかった。

（『The Guardian 2005』より）

Wakata's Universe

何かに行き詰まった時、「押してダメなら引いてみろ」みたいな方向転換も確かに大事です。ただ、そのタイミングや加減が難しいところです。どこまでやり切って方向を変え、次に行くのかというところがです。もしかしたら、このままその方法で続けていたら、もうちょっとで壁を越せるところだったのに、というケースもあります。

また、物事に気持ちが集中している時は、なかなか一歩引いて全体像を把握しながら進むのが難しい場合が多々あります。最短距離で、最も効率的に、確実に前進しているという自覚があったのが、後で振り返ってみたら、じつはそれは回り道だったり、脇道に逸れていたり、場合によっては後退していたり、ということもあるかもしれません。もう少し早めに気づいて方向転換するほうが良かったのに、突き進んで行き着くところまで来てしまって初めてそれがわかるというケースです。

ただし、突き進んで行き詰まる、というのが必ずしも悪いわけではなく、逆にそれが重要な場合もあります。後から振り返れば回り道だったかもしれないけれども、その時は全力投球していた。それで最後に壁にぶち当たってしまった。でも、その経験がその後の人生のための貴重な教訓になることもあります。これは、全力で突き進んでいなかったら、その壁に直面することはなかったということなのです。結果として、この方向には壁があることを知ることができたわけです。

その気づきは、必ず次のチャレンジに活かされるはずです。いや、活かさなければなりません。今回はこう間違ったけれども、だからこそ次はこう工夫してみようと対策をとるわけです。失敗するかもしれないが、とことん自分が納得いくまで突き詰めてやったからこそ、成果が自分のかけがえのない経験として刻まれる、という積み重ねが大切です。

どんな物事でも最短距離で、失敗せず、効率的に進めたいというのは当然ですが、そううまくはいかないのが現実です。ホーキング博士が言っているように、行き詰まっても逆上せず、立ち止まらずに続ければ、どんなに回り道をしたとしても自分のめざすゴールにたどり着くことができるはずです。失敗して、諦めることなく、失敗を教訓とし、試行錯誤を経ながら前進しようとしている時、精神的にも非常につらい時間ではありますが、後で振り返ってみると、最も自分が成長している時ということも少なくありません。

いつか自分も死ぬわけですが、やはり最後まで前のめりで死にたい、常に挑戦者でありたいという想いがあります。明確な目標に向け、できる限りのことを考え、挑戦し続けることで、いつか巡り合うチャンスをつかんで目標に到達できると信じています。挑戦し続けていなかったらチャンスはゼロです。

Hawking's Universe

28

人生がどんなにつらく思えても、
必ず自分にできること、
成功できることがある。
諦めないことが重要。

（「Forbes JAPAN」より）

Wakata's Universe

人生の途上で、失敗したり、さらには失敗を繰り返したりすると、つらくなって、諦めてしまおうかという心境にもなるものです。また、過去に失敗した苦い経験から、失敗を恐れ、はなから挑戦することも諦めてしまう場合もあるかもしれません。

「失敗」という言葉を聞いて私が思い出すのは、ＥＳＡ（ヨーロッパ宇宙機関）の元長官のドルダンさんからお聞きした「失敗することで、効率的に能力の向上ができる」という言葉です。

今、私はＵＡＥ（アラブ首長国連邦）宇宙機関の諮問委員を務めているのですが、その諮問委員会のメンバーには欧米、中国、インド等の宇宙機関長を務めた方が多くいます。

ＵＡＥは宇宙開発においては新興国で、２０１８年には日本のＨ－２ＡロケットでＵＡＥ初の国産の地球観測衛星を打ち上げました。また２０１９年には、初めて自国の宇宙飛行士をロシアのソユーズ宇宙船で国際宇宙ステーションに送り出し、ＪＡＸＡの協力のもとで「きぼう」日本実験棟の中で教育ミッションを行いました。２０２０年7月20日には、火星探査機「ホープ」を日本のＨ－２Ａロケットで打ち上げました。

そんなＵＡＥと日本との協力関係の中で、ＵＡＥから同国宇宙機関の諮問委員会のメンバーとして現役宇宙飛行士のアドバイザーへの就任が要請され、私もＪＡＸＡの代表として参加しています。ＥＳＡの元長官であるドルダンさんもその諮問委員の一人です。

ドルダンさんはロケット開発にも長年携わった方で、「欧・米・露・日本等の宇宙先進国の宇宙機関は失敗が許されない状況にあるが、宇宙新興国の宇宙機関は失敗を恐れてはいけない。失敗を経験することにより、じつは効率的に技術開発が可能になる」とおっしゃっていたのが印象的でした。

たとえば、ロケットを開発し、信頼性を確立する過程においては、膨大なコストと時間を掛けて地道に10回連続で打ち上げを成功させるより、5回に1回くらい失敗するスピーディーなペースのほうが効率的に技術が高められるというのです。

その根拠は、連続で成功するより、失敗を経験した時に技術は飛躍的に進歩するからだということでした。つまり、失敗を経験することで、開発期間とコストが節約できるという考え方で、宇宙の新興国が先進国にスピーディーに追いつき追い越すためには、積極的に「失敗」の経験を活用することが効率的な方法であるというアドバイスです。

「なるほど、そんな考え方もあるのか」と、それを聞いた時、私は少し狐《きつね》に摘まれたようになりながら耳を傾けていました。言うなれば、「効果的な失敗のすすめ」です。成功と失敗のバランスというのでしょうか。このことは宇宙機開発だけでなく、人の成長にもあてはまる考え方だと思います。

そして、ドルダンさんは子どもの成長も例にして話してくれました。とくに子どもは、失敗を繰り返しながら学んで成長していきます。子どもは遊びの中で、自分の力量以上の無謀に見える挑戦をして、その末に痛い思いを経験することがよくあります。

ドルダンさんは、そんな子どもの成長パターンを例に出し、「人間は失敗した時こそが一番多くを学ぶので、成功ばかりしているより、たまに失敗することがじつは必要で、その失敗を許容できるゴールまでの設定を忘れないほうがいい」とアドバイスを続けています。「失敗することが、最も効率的に進歩する方法だ」と強調していました。

確かに人間は、百戦全勝で成功を続けてばかりいたら何かを顧《かえり》みようとはしないものです。でも失敗した時には、どこが悪かったのか多少なりとも考えるものです。逆に成功からさえもきちんと反省できる人はすごいとしか言いようがありません。

失敗から学ぶのは、予想もしていなかったことが多いものです。なぜなら、失敗の多くは予期せぬ理由からもたらされるからです。だからこそ、失敗から予期しなかった新しい知見を得られるとも言えます。

極論かもしれませんが、人間は失敗をすることで、自分のポテンシャル以上のことを成し遂げる芽を発見しているのかもしれません。

「失敗は成功のもと」という言葉が古くからありますが、要は失敗を成功に結びつけることが肝要なのであり、失敗を負のイメージではなく、成功のための新たな知見を得るポジティブな経験の機会として自分自身で納得しておくと良いのではないでしょうか。

ここまでの物事をやり遂げるためには、ここら辺でこういう試練があるのが予想できる。予期せぬ失敗もあるだろう。その時、失敗しても、それは許容し、その失敗から教訓を得て必ず次につなげていく。それをもとに成功すべく、次の歩みを組み立てていく。

信念と具体的なプランを持ち、失敗する自分を自分で受容できれば、たとえうまくいかないことがあって、つらさを味わっても、安易に諦めることも少なくなると思います。

ない人生は悲劇。

（『The NewYork Times Magazine 2004』より）

Wakata's Universe

私は宇宙飛行士になって20年以上、米国テキサス州ヒューストンにあるNASAジョンソン宇宙センターの宇宙飛行士室に勤務しました。冗談の絶えない職場で、ユーモアにあふれた仲間も多く、自分はジョークのセンスが足りないなと思うことはよくありました。

そもそも育った環境が違うというか、お国柄や文化・習慣の影響もあると思いますが、普段の仕事や会議、宇宙飛行の真剣なシミュレータ訓練の中でも、NASAでは遠慮なく冗談が飛び出します。同僚の宇宙飛行士にも、いつも冗談を言っている仲間がいて、よくそんなにジョークをポンポン思いつくなというくらいです。ストレスが高まる訓練でも、緊張が高まれば高まるほどジョークが冴えてくる仲間もいて、みんなの気持ちを和らげてくれる能力には敬服します（笑）。

ホーキング博士もインタビュー中にかなり冗談を言っています。ALSで表情が読み取れなかったり、音声合成システムの声なので、一瞬ジョークか真面目に言っているのかわからなかったりするような時もありますが、よく考えてみると冗談だった、ということも結構あります。そして、それがまたホーキング博士のユーモアとして確立されていたように思います。

ユーモアには、いろいろな表現の仕方があると思いますが、タイムリーで場にふさわしい適切なジョークは、その場にいる仲間に心のゆとりを与え、緊張を和らげてくれ、それが仕事をうまく進めることにつながります。

たとえば、宇宙飛行士のチームで仕事をしている時、緊張やストレスが高まる状況の中にいると、「ここで、やっぱりジョークを一発言うのが重要だ」という場面があります。

そこを敏感に感じて適切なジョークを言える人間は、チームとして本当に有難い存在です。そのジョークひとつで、チーム全員の気持ちを一瞬リラックスさせ、次の瞬間には、なすべきミッションに集中でき、結果としてチームのパフォーマンスが向上します。

今まで、チーム全体が緊張し、ある一点に集中し過ぎていたところを、そこから一歩引いて広角で全体像を見つめ直させてくれるような、本来維持すべき雰囲気をチームにもたらしてくれる。いわば、ジョークによってトンネル・ビジョン（視野が狭まっている状態）に陥るのを回避できるわけです。またミスを犯した時に、ジョークによって自分の失敗を自分で笑い飛ばし、自分で自分を助けることができる場合もあります。

いずれにせよ、適切なジョークというのは、切羽詰まった気持ちにゆとりを持たせてくれる効果があります。大げさに言えば、ジョークはそういう瞬間を作り出す魔法の言葉、心の潤滑油のようなものです。そこで重要なのが、「どういう時に、どのタイミングで、どういう言葉を発するか」を嗅ぎ分ける鋭い感覚です。それはセンスでもあれば、習得できるノウハウでもあると思います。

NASAの宇宙飛行ミッションでも、ユーモアの影響力を重視しています。宇宙飛行士の訓練では「集団行動能力」の向上のための一つとして、ミッション中に失敗した時のリカバリー方法を、ビデオやシナリオで学ぶという「失敗対応の心構え」の講義も受けました。

その中でユーモアを発揮する話も出てきます。講義を聞いただけでユーモアのセンスを磨けるわけではないのですが、私もジョークがうまい仲間を観察したり、映画やアメリカのコメディ番組を観ながら、少しでもジョークのセンスを身につけるよう心がけています。

私はスペースシャトルでのシミュレーション訓練の前日、その予習をしていたため夜更かししたことから、シミュレーション中に強い眠気が襲ってきたことがありました。シャトルの打ち上げの9分前からシミュレーション訓練のシナリオがスタートするのですが、船長やパイロットは各装置のチェックで忙しくしている中、フライトエンジニアを務めていた私は、船長とパイロットの後部座席でウトウトしてしまったのです。

　フライトエンジニアの役割の一つとして、打ち上げから90秒経過したことを確認して、船長にシャトルの機体の操舵《そうだ》のために操縦桿《そうじゅうかん》を動かしても良いことを告げる必要がありました。飛行機の場合、離陸時に昇降舵等の動翼《どうよく》を動かしますが、スペースシャトルは打ち上がってから90秒間はシャトルの姿勢を制御する動翼を動かすことは機体の構造破壊を防ぐために許されません。打ち上げ90秒後までは機体の周りの空気がまだ濃いため、動翼を動かすとシャトルの機体と燃料タンクの接合部に過大な力が掛かって破損する可能性があるからです。

　ふと目覚めたら、コックピットパネルの表示が「90秒」と出ていたので、慌てて船長に「今から操舵していいよ」と言いました。すると、「コーイチは何言っているんだ？」という雰囲気になりました。

　私はすぐ自分の勘違いに気づきました。「90」というパネルの表示は、打ち上げ90秒後ではなく、実際はまだ打ち上げ90秒前の表示だったのです。そこで変にごまかしたり、真面目に謝るのも野暮なので、とことん失敗したことに徹するしかないと割り切ろうと、「今日のシミュレーション訓練の予習をした後に観たホラー映画があまりにも怖すぎて、眠れなくなっちゃった。今日の訓練のシナリオはそこまで恐ろしいことにならなければいいけど」と、とっさに浮かんだジョークで切り抜けることができました（苦笑）。

気の利いたジョークではなかったですが、どんな場面でもほんの少しのユーモアで円滑に次の作業につなげることができます。今まで先輩たちから、失敗や停滞して気まずくなった雰囲気をユーモアで切り替えてきた背中を見せてもらったので、とても参考になりました。

Hawking's Universe

30

全てが運命で決まっていて、
何も変えることはできないと
主張する人でさえ、
道路を渡るときには左右を確認する。

(『Black Holes and Baby Universes and Other Essays』より)

Wakata's Universe

もし、「運命を信じますか？」と聞かれれば、「人生には自分が変えられること、変えられないことが明確にある」ということは言えると思います。普段の生活でも仕事でも、自分でコントロールできる部分と、そうでない部分が必ずあります。その意味では、自分でコントロールできない部分を運命と言えるのかもしれません。

私はこれまで米国のスペースシャトルやロシアのソユーズ宇宙船に搭乗する機会をいただきましたが、宇宙船の船長としてドッキングや着陸時の手動操縦をしてみたいと思うことは何度もありました。しかし、どちらの宇宙船の船長も、その国の宇宙飛行士しか務められないのです。そこはどんなに努力しようが、自分では力が及ばない、どうすることもできない部分です。

自分で変えられない部分を変えようと、くよくよ悩んでも仕方ないし、時間のロスにもなります。それよりも、そこは徹底的に割り切り、それ以外の可能性を探ることにエネルギーを注ぐほうが賢明です。

それでも、自分の努力では実現できない境遇をうらやましいと思うことはあります。でも、その気持ちをうまくコントロールしないと、妬《ねた》みやひがみにつながり、精神的にも良くありません。もちろん、夢や明確な目標を持つことは大切です。けれども、それが実現できなかった時、悔やんで立ち止まるよりも、「今は望んでいなかった状況にあるけれど、それよりこれから先をどう切り拓いていこうか」と、スパッと方向転換したほうが気持ちも楽になるはずです。

私の今までの人生でも、受験、学校での部活動、恋愛、仕事等、いろいろ思い通りにいかなかったことは多々あります。そのたびにかなり落胆し、苦労はしましたが、ポジティブに何とか気持ちを切り替えることができたようで、あまり長い間、悔やんだ思い出はありません。単に楽天家だっただけかもしれませんが（笑）。

運命と言えば、すべての「人との出会い」というのは、やはりほとんどが運命的だと感じます。

そう考えるようになった、一つのきっかけがあります。私は埼玉県で生まれ育ちましたが、両親は九州出身のため、夏休みなどには家族で東京と九州を結ぶ「富士」や「あさかぜ」等の寝台列車に乗って、両親の実家の祖父母のところに帰省することがありました。

確か二等寝台車の中で、一室6人の部屋を利用していた時だと思います。東京駅から寝台車に乗り込んだ時、車掌さんの車内アナウンスが流れました。

「ここで6人、24時間をともにすることになりますが、いろいろ不都合もあるかもしれませんが、ここで巡り会ったのも何かのご縁。その出会いを大切にして、到着まで楽しくお過ごしください」

当時、私は6歳くらいだったと思いますが、子ども心に「うわぁ、そう言えば、そうだよな。これは何かの縁なんだな」と妙に腑に落ちた覚えがあります。そして、「この車掌さん、いいこと言ってるよな」とも（笑）。

ずっとその記憶が残っていたからでしょうか。いかなる人との出会いも偶然ではないような気持ちを抱いています。

今このタイミングで、出会える人は目の前にいる人しかいないわけです。人間一人の人生の時間を考えると、どのくらいの人に出会えるかわかりませんが、その中で会える一人ひとりと、また一瞬一瞬の時間を大切にして過ごしたいと思っています。

また、自分がそういうふうに思えば、自分が出会う人の中にも自分に対して同じように思ってくれる人もいて、お互いに有意義な時間を過ごせるのではないかとも思います。

Hawking's Universe

31

私は、時間の大切さを
身にしみて知っている。
いまという時を逃してはならない。
行動するのはいまだ。

（『ビッグ・クエスチョン　〈人類の難問〉に答えよう』より）

Wakata's Universe

ホーキング博士は「宇宙」という広大な空間を研究テーマにして、頭の中で自由に時間と空間を行き来しながら思考を巡らせていたように思います。しかしその一方で、ALSという難病と闘い、肉体的にとても不自由な境遇にありました。脳内の自由さと肉体の不自由さを併せ持ちながら、両極端な状況の中で生きてきた人です。

ALSは世界中の多くの患者さんを苦しめている難病です。もし私が患者であったら、「いつまで自分は生きられるのだろうか」と、頻繁に考えるかもしれません。

ALSと一生懸命戦っている方々の中にも、日々過ごす時間を自分にとって有意義なものにしていこうと努めている方も多いと思います。仕事でもそうですよね。ある仕事を夕方までにやらなければならないというタイムリミットを自分で設定すれば、今日1日の時間をどう使うのが望ましいかを考えてスケジュールを組み立てていくことと同じです。

健康な人でもいつか人生は終わるわけで、長い短いという差はあれ、誰もが時間的な制約を持って人生を生きています。そういった時間的なリミットを常に念頭に置きながら、一瞬一瞬を最大限に楽しんで、実りを大きいものにしていこうとする姿勢は、どんな時でも大切だと思います。

「人生を大切に生きる」うえで重要なのが、迅速な意思決定と行動力です。

私は、NASAの宇宙飛行士室でサバイバル訓練やリーダーシップ訓練を何度も受ける機会がありました。米国の陸・海・空軍出身の宇宙飛行士と一緒に訓練している時、「A bad decision is better than no decision.」という言葉をよく聞きました。「悪い意思決定のほうが何も決めないことよりは良い」という意味です。

たとえば、真冬の山中で道に迷った時、本当は西に進むのが正しい場合でも、その時は東か西か、または北か南に行くべきかはわからないわけです。そこで何も決めず、動かないままでいてその場で凍死するより、どの方角に行くか決めて進んでみることのほうが、活路が見出せる可能性が高いというわけです。たとえそれが結果的に悪い決定だったとしても、何も決めないで動かないよりはマシだということです。

実際のサバイバルでは、その場に留まって救助を待ったほうが生還できる可能性が高いケースもあるわけで、少し短絡的な訓戒かもしれません。ただ、時間的にリミットがある私たちの人生においては、躊躇して何も行動せず、後になって後悔するより、じっくり考え、積極的に挑戦していくほうが、自分が納得できる人生を歩んでいけると思います。

人生は「今」という瞬間の積み重ねです。与えられた時間を大切に有効に使っていきたいものです。

Hawking's Universe

32

本当に難しいのは、
ほんの小さな仕事でも、
重要なこととして
取り組まなければならないことです。

（『ホーキング Inc.』より）

Wakata's Universe

宇宙開発という事業は、一歩一歩の着実な技術開発や知見獲得の積み重ねで前進していくものです。そこには近道はなく、小さくても確実な一歩を継続していくことが求められます。ブレイクスルーにつながる新しい発見や発明ももちろんありますが、それはやはりそこに至るまでの弛《たゆ》まぬ努力の積み重ねがあったからです。ホップ、ステップ、ジャンプで成果を獲得することは、それまでの確実な助走が支えているのです。

宇宙の広大さを考えると、我々の歩幅はとても小さく、歩みはとても遅く感じるかもしれません。でも、そこにあせりやいらだちを覚える必要はありません。地球上の我々に突きつけられた様々な課題に対して、人類の英知を結集してめざすべき道と共有できるゴールを明確に定め、挑んでいくことが不可欠だと思います。

なぜなら、ゴールがいかに遠くても、そこに至る道がいかに険しくても、私たちがやるべきこと、できることは、目の前の一歩を踏み出すことでしかないからです。片方の足で一歩を踏み出すことによって、初めてもう片方の足で二歩目を踏み出せるわけです。その一歩一歩を着実なものにするために不可欠なのが明確なゴールです。

「千里の道も一歩から」です。自ら掲げた目標の星を決して見失うことなく、その道程で情熱と信念を持ち続け、日々の一歩をあせらず、しっかり歩んでいきたいものです。

Hawking's Universe

33

父親になって、
私は子どもたちに、
つねに問いを発することの大切さを
教え込もうとするようになった。

（『ビッグ・クエスチョン　〈人類の難問〉に答えよう』より）

Wakata's Universe

幼い子どもは好奇心の塊ですから、何を見ても「なんで？　なんで？」とよく聞いてくるものです。

それが大人になるにつれて、問いを発することが恥ずかしくなるのか、面倒になるのか、それともわかった気になるのか、だんだんと問いかけが少なくなってくるのは確かです。

年をとるにつれ、知識や経験が増え、物事の道理を理解していくので、致し方ないことかもしれませんが。でも本来、疑問を持つことは楽しいことです。どんな物事に対しても当たり前と思わず、いくつになっても問いを発する姿勢を大切にしたいものです。

Hawking's Universe

34

あらゆるものへの好奇心と疑問を持ちなさい。

（ＮＨＫ『コズミックフロント☆ＮＥＸＴ』「宇宙の〝冒険者〟～ホーキング博士ラストメッセージ～」より）

Wakata's Universe

「好奇心」と「疑問」こそが、人類がここまで文明を発展させてきた原動力です。そして、それこそが人間が知的生命体であるゆえんだと思います。

好奇心と疑問は、「Ｗｈｙ？」という言葉に通じますが、人類がこの先も進歩、進化、発展していくためには、「Ｗｈｙ？」を持ち続けることが不可欠です。逆に、「それでいいんじゃない」という表現が「Ｗｈｙ ｎｏｔ」です。これには前例踏襲というニュアンスを感じる場合もあります。盲目的に現状を肯定するのは楽ですが、でもやはり「それ以上のものがあるんじゃないか!?」「現状に甘んじることなく、改善できることを見つけていきたい」というスピリットにつながるのが、「好奇心」と「疑問」なのです。

「人間は考える葦《あし》である」という言葉があります。広大な宇宙における人間という存在のか弱さと、その一方で思考する存在としての偉大さをよく言い表していると思います。我々は、いつの時代になっても「考える葦」であり続けなければなりません。「Ｗｈｙ？」という追究をやめた時、我々は進歩を止め、停滞し、退行していくのです。

仕事でも、現状維持というのは場面によっては重要なことかもしれませんが、我々を取り巻く状況は刻一刻と変化しています。常に状況の変化やタイミングに応じたベストな解を見つけていくことが重要です。

一人ひとりの人生においても、「Ｗｈｙ？」がなければ、非建設的で受動的な生き方になってしまいがちだと思います。

このホーキング博士の言葉は、子どもたちにいつも言っていた言葉だそうです。私も息子がいます。今は大学生ですが、父親として彼に伝えてきたことがいくつかあります。

一番は、やはり自分自身が納得する生き方で人生を楽しんでほしいということです。そのためにも、人との出会いを大切にしてもらいたいです。限られた人生の時間の中では、限られた数の人としか出会えないからこそ、人との縁を大切にしてもらいたいと思います。

そしてもう一つは、自分が興味を持って心血を注げる対象を見つけることです。それは遊びであったり、仕事であったり、勉強であったり、趣味であったり何でもいいのです。自分の進みたい道を突き進んでもらいたいです。

誰しもその人にしかない個性や才能を持っています。それぞれの持つオンリーワンの素晴らしい力を活かして様々なことに取り組むことで、より豊かな社会が創造されると思います。他人を納得させるために生きる人生ではなく、自分の居場所と自分なりの方法論を見出し、自分が納得できる人生を歩んでほしいと思います。子どもに伝えたいことは、それに尽きるかもしれません。

そんなことを言いながら、普段は親心で良かれと思い、子どもに口うるさく親の価値観を押しつけるようなことを言ってしまうことがあります。

親として、子どもより人生経験はあるし、その子が右に行ったら絶対に壁にぶつかるとか、左に行ったら転びそうだとか、予期できることがあります。

親は「ここは絶対に右に行ったほうがいい」と思う場面で、子どもが左に行きたがると、「それはダメだ」と矯正しようとしてしまいがちです。我が家の場合、そんな時は妻のほうが寛容で、「やりたいようにさせればいいじゃない」とたしなめられ、私のほうが反省することがしばしばあります（苦笑）。

私自身は、両親に「人様の迷惑になることはしてはいけない」「自分が命を落としてしまうような危ないことはしてはいけない」という基本的な原則以外は、「自分で責任をとれる限り、何でも好きなようにやってみなさい」と育てられました。親から「あれやれ、これやれ」と言われることはなかったので、その点は両親にとても感謝しています。だから、それは妻に言われます。「自由に育ててもらったのに、なぜあなたは子どもには厳しく言うの！」と（笑）。

第5章

夢と希望についての対話

Hawking's Universe

35

私の目標はとても単純である。
宇宙がなぜこうなっているのか、
そして、そもそもなぜ存在するのか、
そのすべてを完全に理解することだ。

（『3分でわかるホーキング』より）

これはブレがない人生を歩んでいる人の言葉だと思います。この言葉から、ホーキング博士の人生の目標がとてもシンプルであると同時に、極めて明確だったように感じられます。

目標を持ち続けることは大切です。なぜなら、自分が生きる原点として設定した目標そのものが、壁に直面した時、その壁を乗り越え、道を切り拓く力になるからです。

宇宙飛行士として生きる私の目標は、「人類の活動領域を宇宙に切り拓く」ということです。ホーキング博士と同じように、言葉としてはシンプルな目標だと思います。でも、現時点で人類が定常的に活動できている領域は、地上、海の中、そして国際宇宙ステーションが周回している地上からの高度がわずか400キロメートルの地球低軌道までです。

地球の大きさを硬式野球ボールにたとえたら、その表面の牛革の厚みくらいが人間の活動領域でしょうか。人類はまだ宇宙の玄関口にやっと到達したに過ぎません。さらに遠い宇宙空間へと進出していくには、弛まぬ宇宙への挑戦が必要です。

人生の時間軸で考えたら、宇宙はあまりにも深遠広大で、「人類の活動領域を宇宙に切り拓く」という自分の目標をどこまで達成できるかは未知数ですが、その人類としての挑戦に貢献したいという強い想いを持っています。

国際宇宙ステーションに滞在中、私は地球を眺めながら、「この美しい惑星はなぜ存在しているのか？」と、その不思議さを自問することがよくありました。もちろん、その解答を持ち合わせてはいませんが、そんな疑問を感じざるを得ないほどの圧倒的な存在感で地球は輝き、その周りには吸い込まれるような暗黒の宇宙が佇《たたず》んでいます。

今後、人類が宇宙の謎をさらに解き明かして新たな知見を得れば得るほど、また人類の活動領域を遠い宇宙へと拡げれば拡げるほど、新たに多くの疑問が生まれ、課題に直面し、そのたびに新しい経験と発見に巡り合えるというのは、なんとワクワクすることでしょうか。

生身の人間が到達し、活動できる宇宙の範囲は限られているからこそ、宇宙論の研究者が扱う領域の深遠さに想いを巡らせると、畏敬の念を感じずにはいられません。

ホーキング博士が望んだ「宇宙を理解したい」という想いは、人類のＤＮＡに元々備わっている根源的な衝動であり、人類という種が存在する意味であるように感じます。

Hawking's Universe

36

人間はつねに根源的な問いへの答えを求めています。
我々はどこから来たのか？
宇宙はどのように始まったのか？
少年の頃、私は物事の仕組みに強くひかれていました。
私が人生をかけた仕事も
物事の仕組みを探ることでした。
ただスケールが変わっただけです。

（ＮＨＫ『コズミックフロント☆ＮＥＸＴ』
「宇宙の〝冒険者〟〜ホーキング博士ラストメッセージ〜」より）

ホーキング博士は十代の頃、飛行機や船の模型を作るのが好きだったことを、次のように語っています。

「自分で動かせる模型を作ることが目的で、見映えはどうでもよかった。友人と一緒にボードゲーム作りに興じたのと同じ理由だったのではないかと思う。ゲームでも、電車やボートや飛行機でも、とにかく動く仕組みを知って、動かしてみたかった」（『3分でわかるホーキング』より）

物事の仕組みへの興味が、そのままスケールアップして、宇宙の仕組みへの興味につながっていったのでしょう。ホーキング博士は子どもの心を失うことなく、人生を歩まれたように感じます。

これには私自身も共感するところがあります。私も子どもの頃から、飛行機が大好きでした。紙飛行機やゴム動力で飛ぶ模型飛行機、小型エンジンで飛ぶUコン飛行機などを作っては飛ばし、墜落させては直し、改良を加えながら飛ばして遊んだものです。

飛行機への興味は確固たるものとなり、大学と大学院で航空工学を学んだ後、航空会社で旅客機の整備の仕事に励みました。その過程を通して学んだこと、経験できたことが結局、宇宙飛行士の仕事につながったのだと思います。

ホーキング博士の原動力は「宇宙を解明したい」という情熱でした。目の前に謎に満ちあふれた宇宙という対象があって、その仕組みを解き明かすことに大きな喜びがあったからこそ、長年に渡って研究活動に励むことができたのだと思います。

自分の興味の対象が何であるかを明確にすることは、生きていく中での節目や様々な課題に直面した時に、進むべき道を導いてくれます。その興味の対象は勉強や仕事だけでなく、それらとは無関係な趣味や遊びでも同様です。

明確な興味の対象が存在すれば、それに向かって挑戦する時間が、時につらくて苦しいものであっても、努力する喜びを味わいながら過ごすことができ、失敗を経験しても諦めずに立ち上がり、前進できるのだと思います。

大切なのは、いかに自分が満足のいく時間を過ごせるかにあり、人生はそんな瞬間を手にするためにあるような気がします。

Hawking's Universe

37

古いことわざに
〝たどりつくことより、希望を抱いて
旅を続けているほうが幸せなのだ〟とあります。
科学のみならず、
すべての分野で新たな発見を目指す探求は、
人間の創造性を高めます。
ゴールにたどりついてしまったら、
人類の精神はしなびてしまうかもしれません。
しかし、人類探求の道で
決して立ち止まることはないと私は信じています。

（『ホーキング、未来を語る』より）

Wakata's Universe

ゴールに到達すること。それ自体は確かに素晴らしいことですが、その感慨は案外と短い時間で終わってしまうものです。それより、旅でも目的地にたどり着いた後、旅人が思い返すのは、そこまでの旅路の苦労や喜びかもしれません。

希望を抱いてゴールまで歩み続けたプロセスは、ゴールにたどり着いた瞬間よりも、当然、長い時間をかけてきたはずですし、様々な経験をもたらしてくれたはずです。もしかしたら、その時間のほうが、ゴールに到達した喜びよりも、人生の本当の喜びにつながっているという気がします。

ゴールだけを見てしまうと、遥か遠くにあるゴールにひるんで思わず立ち止まったりするかもしれません。もし、ゴールにたどり着けなかった場合には、後悔や悲しみしか残らないかもしれません。

でも、そこに至る過程が充実し、喜びを味わえるものであれば、たとえゴールが遠くにあっても、そこに向かう長い道程そのものをかけがえのない存在としてとらえ、そこで過ごす時間を楽しみ、険しい道であっても挑戦し続けることができるのだと思います。

そして、ゴールをめざして努力する過程で失敗をしたとしても、その過程で経験したこと、修得したことが必ずしや後の人生の糧になることを忘れてはなりません。

ホーキング博士にしても、宇宙のことを考えていること自体が楽しくて仕方がないので研究に打ち込んでいたら、それが大きな功績につながったのだとも言えるかもしれません。だから、ゴールにたどり着くこと自体も重要ですが、ゴールに向かって歩み続ける旅路（プロセス）はもっと大切なのではないかと思うのです。

素敵な旅なら、また旅に出たくなるものです。目標としていた山を一つ登ったら、またそこから新たな高い山が見えるかもしれません。

私が大切にしたいと思っている言葉に「夢、探究心、思いやり」があります。この三つの言葉は、子どもたちにサインをさせていただく色紙によく書き、私のミッションパッチ（宇宙飛行のミッションのコンセプトを表すエンブレム）のデザインの中にも入れてもらいました。「夢」にはそこから導かれる明確な目標を定めることにより、そこに至るための方法や手段が自ずと明らかになるという意味を込めています。「夢」に関して付け加えると、多くの夢や目標を定めても、それは決して欲張りではないということです。一つの夢だけにこだわり過ぎると、それが実現しない場合に行き詰まってしまうかもしれませんが、めざす目標が他にあることで、努力して得た貴重な経験を無駄にすることなく活かせるからです。

「探究心」を常に持って疑問を解決していくことは、普段の生活や仕事の中で思いがけない新たな知見を得たり、それが工夫や改善につながったりすることで新たな価値の創出を可能にしてくれます。興味の対象に対してとことん考え抜き、解を導こうとする探究心は、科学の進歩の原動力と言えるでしょう。今までの常識にとらわれない、幅広い視点と多様な価値観を許容し、探究することで、イノベーションが生まれ、科学技術の進歩をさらに加速できるでしょう。

「思いやり」は、宇宙を探究し、その過程で獲得する知見や技術を活かして、人類の知的そして物理的な活動領域を拡大していく中で、人類が決して忘れてはならないものです。その「思いやり」は、自分の周りの人々、地球上の生きとし生けるもの、故郷の地球、さらに我々が探究する領域すべてに対して、大切に思う気持ちです。また、「思いやり」という言葉を通して命の大切さを伝えたいとも思います。

私自身、自分の置かれた状況を「夢、探求心、思いやり」という言葉に照らし合わせたらどうだろうと思うことがあります。

現在、国際宇宙ステーションを舞台に展開されている有人宇宙活動を安全・確実に進め、そこで得られる成果が地上の暮らしを豊かにし、社会に根づくものとすること。月周回拠点、月面、そして火星も視野に入れた国際宇宙探査計画に日本の優れた技術で参画し、日本人宇宙飛行士の活動領域をさらに拡げていくために、国内外の調整や新たな技術の研究開発を推進すること。そして、宇宙飛行士としての次の宇宙ミッションに挑むために資質維持向上と訓練を着実に進めること。これらが私の現在の明確な目標です。そして将来、種子島から世界の人たちを宇宙へ打ち上げ、安全に帰還させる有人宇宙輸送システムを実現させたいという「夢」を持っています。

これらの「夢」と目標を実現するためのマニュアルは存在しません。しかし、目標を明確に掲げ、その実現のための方策を常に「探究」し、ＰＤＣＡ（Plan, Do, Check, Action）のサイクルを確実に回しながら、今できること、今なすべきことに果敢に挑戦していきたいと思います。

その探求は、私一人の旅ではありません。ともにゴールをめざす同僚や海外の宇宙機関を含む多くの仲間たちへの「思いやり」を忘れずに、チームとしての強固な一体感があって初めて確実に進めることができる取り組みです。

これが、私が人生を通して取り組んでいる「夢、探求心、思いやり」の旅です。

第 6 章

生と死についての対話

Hawking's Universe

38

死ぬことは恐れてはいないが、
死に急ぐつもりはない。
とにかく、
やりたいことは
まだたくさんある。

（『3分でわかるホーキング』より）

Wakata's Universe

ＡＬＳという難病によって、常に死を意識する状況で生きてきたホーキング博士ですが、「死ぬことは恐れてはいない」というのは、かなり達観した境地であるように感じます。私はそこまでの心境にはなれないだろうというのが正直なところですが、一つ思うところはあります。

おそらく人の一生には、長い短いという時間軸の尺度以上に大切なことがあるはずです。もちろん、長生きするに越したことはありません。ただその中で、どれだけ充実感を持った一瞬一瞬を積み重ねることができたか、納得できる時間を過ごしてきたか。少なくとも私が自分の人生を振り返るタイミングがきた時、そのことを自らに問いかけると思います。

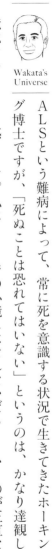

つまるところ、自分自身が納得できる生き方だったと思える人生が、幸福な人生だと思います。それは自己満足とも言えるかもしれません。時には、自分を満足させるためには、周囲の評価もひとつの要素になる場合もありますが、最も重要なのは、決してごまかすことができない、自分による自分自身の評価です。

周囲の人にどんなに高く評価されようとも、自分が満足しなければ充実感はありません。逆に周囲の評価がどんなに低くとも、自分が納得し、満足できれば幸せであると言えるのではないでしょうか。満足することを知っている者は精神的に豊かで、そのうえで努力する者に志が宿るということを説いている「足るを知る者は富み、強《つと》めて行う者は志有り」という老子の言葉の持つ意味を心に留めたいものです。

自らの基準に基づいて、自分の行いについて納得することを自己満足だとすると、その判断の是非を究極的に突き詰めるのは難しいことです。なぜなら自己評価に関して、他人の目はいくらでもごまかせるかもしれませんが、自分には嘘をつけないからです。自分を納得させたフリはできますが。

人それぞれに「自分はこうありたい」「ここまで達成したい」という理想があると思います。それに到達したり、限りなく近づけることで、満足や充実感を感じることができます。

しかしながら、自信の欠如から、その本当の理想を追求せず、最初からゴールをより容易なものに設定したり、理想を低く掲げてしまうことはないでしょうか。でも、それが真にめざしたいものかどうかについて、自分を欺くことはできません。ごまかしたゴールを達成したとしても、心から満足することにはつながらないからです。

ホーキング博士は、「宇宙の仕組みの解明」という、とてつもなく高いゴールを掲げました。でも、それは誰に嘘をつくこともない、自分が心から望んだゴールだったのだと思います。そのゴールをめざして、自分ができることは何か、克服しなければならないことは何かを思索し、自らに対する評価指標を持って人生を歩んでいらっしゃったのでしょう。

自分が何をしたいか、何をすることで自分が本当に納得できるのか。自分に嘘をつくことなく、突き詰めて考え抜き、その「何か」を常に明確に認識して生きていきたいと思います。

Hawking's Universe

39

私の場合、病気がすべてを変えた。
若くして死ぬかもしれないという
状況におかれたら、
人生が終わる前に
やっておきたいことが
たくさんあると気づくものだ。

（『ビッグ・クエスチョン〈人類の難問〉に答えよう』より）

Wakata's Universe

じつは、私は22歳の時に一度死にかけたことがあります。

大学時代、同じ学科の同級生らと福岡や大分でハンググライダーでよく飛んでいました。ライセンスは取得したものの、ハンググライダーでの飛行経験がまだ浅かった頃のある日、山頂から私が離陸する前に、ベテランの先輩が私の身体をハンググライダーに吊るすハーネスの複数個あるフック（留め具）を取り付けてくれたことがありました。

自分より飛行経験がはるかに豊富な先輩を信頼し、私はその留め具の取り付けを完全に先輩に任せっ放しにして、取り付け後の状態を自分で確認することを怠っていました。その際、先輩は6本あるロープの留め具のうちの一つを付け忘れていて、私は山頂から離陸して飛び始めてから、初めてその状況に気づいたのです。身体が変な体勢に傾いたまま、不安定な状態で飛行を続けなければならなくなったのです。

ハンググライダーの飛行経験の浅い私にとっては、今まで経験したことのない操縦が非常に難しい状況に陥っていました。飛行中、高度がどんどん下がってくる中で、「墜落して死ぬかもしれないな」と思い始めました。「まだ技量も低いし、着陸時の機体のコントロールはほとんど無理だな。おそらく操縦不能で地上のどこかに突っ込むように墜落してしまうんだろうな」とも。

私はなるべく広い稲刈りの終わった田んぼに不時着しようと必死でしたが、そこまで到達することはできず。電線がある場所を避け、結局コンクリートの壁のようなものが露出した斜面を見つけました。不時着のポイントとしてはベストなところではありませんでしたが、その斜面に対してできる限りソフトにぶつかるようにして、なんとか着地しました。

死なくて済んだと安堵しましたが、そこに駆けつけた友人は「おまえ、かなり血が出てるぞ」とびっくりした様子でした。ヘルメットは装着していましたが、右目の上の額が壁面に当たり、眉毛の辺りを切り、出血したようです。そのまま友人の車で近くの病院に運んでもらい、手当てをしてもらいました。入院するほどのケガでなかったのは幸運でした。

ただ、あの時のことを思い返すと、ちょっと興味深いです。「人間、死ぬ時は今までの人生の記憶が走馬灯のように脳裏によみがえる」なんて聞いたことがありましたが、ハングライダーで不時着する直前、私も何となく今までの人生をフラッシュバックする感じがありました。

「俺の人生短かったな。これでおしまいかもな」とあせりながらも、「人間は死ぬ直前の短い時間の中で、こうなふうな状態になるのか」などと、案外と冷静に自分を観察していたのです。そして、いよいよ不時着するという時、「どういうふうに死んでしまうのかな」というようなことを考え始めました。「このまま壁に激突して顔がめちゃくちゃになるのがいいのか」「それとも、頭から突っ込んで首の骨を折って死ぬのがいいのか」などと瞬時にいろいろな考えが脳裏を駆け巡りました。

その出来事の後も、ハンググライダーで飛行中、トラブルで不時着するケースが一度ありました。ただ、これらの経験はあくまでも自己責任の趣味の世界での出来事です。ホーキング博士のように自分に何の落ち度もなく、難病で若くして命の危険にさらされることとは異なります。でも、少々無鉄砲で冒険心旺盛だった二十代前半の私としては、初めて人間には終わりがあって、それはいつ訪れるかわからないということを肌で知った経験でした。その出来事から、「だからこそ、明日死ぬかもしれないと思って生きることが重要だ」と、漠然と思うようになりました。

それからもう一つ、いくら自分より優れていて経験がある人であっても、無条件で盲目的に信頼してはいけないということ（苦笑）。信頼することは大切だが、最後は自分の安全は自分で確認することを忘れてはならないこと。いくら時間的に慌ただしい状況であっても、安全確認ができるまでは前に進まないこと。ハンググライダーからは、その後の人生、有人宇宙飛行の現場の仕事でも大切にしている貴重な教訓を得ることができたと思っています。

これは極論かもしれませんが、人生には必ず終わりがあることを意識して生きるということは、普段の毎日を当たり前のように過ごすより、自分に与えられた時間をより充実したものにできるのではないかと思います。

何も死を意識して怯えながら、用心しながら、生活するということではありません。「終わりはある」というのを認識しておくことで、やっておきたいことの優先度を整理する機会にもなるからです。「人生には、終わりがある」ということをいたずらに恐れることはなく、だからこそ今この瞬間をいかに充実させるか、それを積極的に意識できるのです。

人生の充実のさせ方は、いろいろあると思いますが、自分の納得する1日1日を過ごせるよう注力すれば、決して後悔することはないでしょう。私の場合で言えば、美味しいものは今日中に食べておくとか（笑）。他にも、いろいろあると思いますが、優先度を常に意識して物事に取り組んでいくことは、限られた時間を有意義に使うために大切だと思います。

Hawking's Universe

40

恐れるな

（NHK『コズミックフロント☆NEXT』「宇宙の〝冒険者〟〜ホーキング博士ラストメッセージ〜」より）

この言葉は2018年3月14日、ホーキング博士が自宅で息を引き取る直前に遺した言葉だそうです。死を目の前にして、自分を見守る家族に告げた言葉であるのでしょうが、私はもしかしたら死に直面しようとしている自分自身に向かって言った言葉でもあるのでは、とも感じます。

宇宙飛行士の仕事は、当然、安全第一で進められるものですが、実際の宇宙飛行はもとより、航空機の操縦訓練、船外活動の訓練、過酷な環境下での集団行動・リーダーシップの訓練等、一歩間違えば人身事故につながる危険と隣り合わせの状況に身を置かなければなりません。死というのは、かなり自分の近いところにあるものだということを常に意識して気を引き締め、この仕事に取り組んでいます。

スペースシャトルは通算135回のミッションを遂行しました。しかし、計画が完了するまでに打ち上げ時に1回と地球帰還時に1回、計2回のクルー喪失の大事故が発生し、計14人の宇宙飛行士が死亡しています。これは67・5回のミッションで1回は死亡事故が起こるという発生率です。ちなみに、これまで軌道上で宇宙飛行士の命が失われるといったような重大事故は発生していません。過去の宇宙船の死亡事故は、打ち上げ前の作業中や、打ち上げ上昇時、そして地球帰還時に発生しています。

私は今までスペースシャトルに3回、ソユーズ宇宙船に1回搭乗して宇宙へ向かいました。宇宙飛行は自分が長年目標として、訓練し、準備を重ねてきたものであり、大きな高揚感を抱くものですが、宇宙飛行に臨む時には、もちろんそのリスクをはっきり認識しています。リスクをゼロにできない現実と、宇宙飛行により得られる人類全体としての恩恵の両方を納得したうえで、宇宙船に搭乗していますので、いたずらに恐怖感を抱くことはありません。

世の中には「一歩間違えれば……」というリスクを伴う仕事がいくつもあります。でもそれぞれの仕事は社会の中で誰かがやらなければならないものであり、宇宙飛行士の仕事もそのような仕事の一つだと思います。

いかなる仕事であっても、家族の支えがなければ続けていくことは困難です。万が一、職業遂行時に自分の身に事故が発生した場合、自分自身は承知のうえで取り組んでいることだから納得がいくかもしれませんが、それが残された家族に与える影響は甚大です。

1967年のソユーズ1号、同年のX－15の3号機、1971年のソユーズ11号、1986年のスペースシャトル・チャレンジャー号、2003年のスペースシャトル・コロンビア号と、計5回の飛行中の事故で19名の宇宙飛行士が死亡しています。

このように宇宙飛行士のリスクは高く、それを職業とするためには、家族の理解は不可欠です。一度だけ宇宙飛行を行い、その時に家族が実際に経験した死亡事故に対する恐怖と不安が理由で、地球帰還後、宇宙飛行士の仕事を引退した米国人の仲間もいます。

『ファーストマン』という映画があります。ニール・アームストロング船長をはじめとする人類初の月面着陸を果たしたアポロ11号のクルーの物語で、クルーとその家族の心理描写の観点からも非常によくできている映画だと思いました。この映画は、アームストロング船長のヒーローイズムだけではなく、逆に彼を支える配偶者や子どもたちの心理的なストレス、そこから生じる宇宙飛行士と家族の間の葛藤を、痛いくらいに見事に描写しています。

現在の有人宇宙飛行に比べても、生還できない可能性が高かった米国の国威を懸けた月面着陸ミッションに臨む宇宙飛行士の栄光と、それを陰で支える家族を包むいたたまれないような不安とのギャップを、これほど鮮明に映し出した映画はなかったように思います。

アームストロング宇宙飛行士本人は行く気満々ですが、宇宙に旅立つ前、自宅からNASAの隔離施設に行く直前に、「あなたが帰って来ないかもしれないことを、自分自身の言葉で息子たちに伝えなさい」と奥さんが話すシーンは、私にとって最も強烈に印象に残る場面でした。

そのような配偶者とのやりとりは、宇宙飛行士の家庭では普通にあることです。人物を英雄化したり、光が当たるところだけを切り取って、そこをクローズアップするのはたやすいのですが、じつは光で照らし出されているのは一部分に過ぎず、光は常に陰をもはらんでいるのです。

世界各国の歴史を鑑みても、とくに国家的な大きなプロジェクトの場合、光の部分だけが強調されがちなのは世の常だと思います。しかしながら、家族の立場に立ってみると、宇宙飛行士の光の部分とは対照的な隠れた部分で、耐え難い心理的ストレスを経験することが多いのも事実です。

結果的に、それが家族の崩壊につながる場合もあります。ですから、私は自分の家族が、様々なストレスを克服して私を支えてくれていることに心から感謝しています。そのためか、家族サービスも、できる時に徹底的にやるよう心がけています（笑）。

宇宙飛行に潜在するリスクについては、宇宙飛行士自身が納得する以上に、家族にきちんと理解してもらうことが不可欠です。そこがクリアできていなければ、訓練でも実際の宇宙飛行でも安心して全力を注ぐことが困難になります。

ただ、私も含め、多くの宇宙飛行士にとっては、自分の死に対する恐怖よりも、自分が宇宙でのミッションで失敗することに対する恐怖のほうが大きいのではないかと思います。宇宙でのミッションは莫大なコストと時間を掛けて行う事業です。それを確実に遂行するための訓練は徹底的に行いますが、自分の判断や操作のミスで、万が一のことが起きたらと思うと、それはプレッシャーとして圧し掛かり、失敗に対する恐怖にもつながります。

私が最初に搭乗した宇宙飛行では、日本のH－Ⅱロケットで1995年に打ち上げられた「SFU」という宇宙実験・観測衛星と、NASAの「OAST Flyer」という二つの人工衛星をスペースシャトルのロボットアームで捕獲・回収する任務を任せられました。

日本とアメリカの人工衛星を回収する作業で、自分がもし操作を間違えて衛星を取り損なってしまったら、実験や観測の成果は喪失します。もちろん、そういうことがないよう、様々なトラブルも想定して地上で十分に訓練を重ねてミッションに臨みました。でも、過去のスペースシャトルの飛行では、実際に人工衛星の捕獲に失敗したケースがあることも事実です。初めての宇宙飛行に臨む私にとって、ミッション中の最大の恐怖は、明らかに自分の失敗に対するものでした。

ミッションで失敗してしまう恐怖は、そのシーンを宇宙で夢にも見たほどです。普段あまり私は夢を見ないほうですが、宇宙で見た初夢は自分が失敗する夢でした。ロマンチックに宇宙を漂っているような、そんな夢は見ず、人工衛星を捕まえるミッションを遂行できなくなるという夢です。

自分が操作するロボットアームが人工衛星に向かって移動していくのですが、その時、アームで捕まえるために必要な人工衛星側のピンが付いていないという異常に気づく悪夢です。夢の中で、「あぁ、どうしよう」と呆然としている自分がいるのです。自分の任務を遂行できなくなること、すなわち、失敗に対する恐怖からか、そんな夢を宇宙で見ました。

その恐怖を克服するためにできるのは、自分が完全に納得できるまで訓練し、準備を徹底すること、そして自分に自信を持つことに尽きると思います。

一方、ホーキング博士が言った「恐れるな」という言葉は、もっと大きいことをとらえていると思います。それは、人間が抱く根源的な「恐れ」です。我々が恐れを抱くのは、未知なるものに対してである場合が多いと思います。しかし未知なるものが既知となれば、その恐怖の源に対して備えることで、恐れが小さくなります。

恐れを克服するためには、まず理解することがその第一歩です。宇宙は我々がその中に抱かれ存在していながらも、深遠で、未知にあふれた存在です。ホーキング博士は、その宇宙の正体を解き明かそうとしてきました。まさに、その人生は、未知なる宇宙に対する恐怖を、既知なる対象としての理解に変えようとする旅だったように思います。

Hawking's Universe

41

宇宙を創造した人はいないし、
私たちの運命を支配する人もいない。
こう考えると、私は天国も死後の世界も
おそらく存在しないだろうという
深い気づきを得た。
誰しも人生は一度しかなく、
この壮大な宇宙を味わう機会も一度きり。
そのため、私は非常に感謝している。

（『Forbes　JAPAN』より）

Wakata's Universe

私は、神や死後の世界の存在について深く考えることはないのですが、我々が生きていく中で大切なテーマだと思います。

ホーキング博士は神の存在について、「**神は存在するかもしれない。だが、神の助けがなくても、科学で宇宙を説明できる**」(CNN, 2010より)であるとか、「**我々は何十万という銀河の1つの外れのほうにある凡庸な恒星をめぐる一惑星の表面にいる、取るに足らない生物にすぎない。そんな我々のことを知り、ましてや大事に思う神がいるなどとは、とうてい信じられない**」(『3分でわかるホーキング』より)とも言っています。

科学者には、様々な宗教を信仰している方も珍しくはありませんが、ホーキング博士の場合は、神の存在については距離をとっているスタンスの発言が多いようです。

我々の肉体を構成している物質は、この宇宙に存在する元素で成り立っています。私が死ねば、肉体は崩壊して人体としての形はなくなりますが、元素としては宇宙に残り続けるわけです。

一方、心や精神も肉体の機能の一部で、それを司るのは脳であると考えられていますが、そうではないかもしれないという議論もあります。肉体の死は、心や精神の死を意味しないということです。それならば、「心とは何か?」「肉体がなくなれば精神はどこにいくのか？」は、科学がまだ解明しきれていない問題です。

死後の世界、来世があるという考え方もありますが、私はその存在が証明されるまでは、来世はないものとして、今の人生を精一杯生きようと思っています。都合がいいですが、あればあったでＯＫです。それがわかるまでは、人生は一度だけだと思って頑張ろうということです。それも、いつか自分が死ぬ時にわかることなのでしょうけど。

宇宙飛行中であっても、地上で星空を眺める時でも、「なぜ自分はここに存在しているのか？」と、普段は思いを巡らせないようなことを、ふと考える時があります。

この宇宙には天体の運動を司る物理法則をはじめ、歴然としたルールがあることを我々は知っています。でも、そのすべてを今の科学がつかんでいるわけではありません。宇宙の全質量のうち、観測できるものはわずか５％であり、残りの95％は正体不明の暗黒物質と暗黒エネルギーで占められています。我々を取り巻く空間も時間も、ワクワクするほど多くの謎に包まれているのです。

人類は、この宇宙が一定の法則の中で成立しているということを理解し始めたわけですが、ではその法則自体がなぜ存在しているのか、根源的なことは何もわかっていません。

宇宙空間に身を置いて、漆黒の闇の中に浮かぶ星々を見つめていると、我々が知覚できるものだけが実在ではなく、まだ知覚できずにいるものの中にこそ、答えがあるように感じられてなりません。

第7章

未来についての対話

Hawking's Universe

42

ＡＩの潜在的恩恵はとてつもなく大きい。
病気や貧困を撲滅できるかもしれない。
だがＡＩは危険も招くだろう。
気がかりなのはＡＩの性能が急速に上がって
自ら進化を始めてしまうことだ。
遠い将来、ＡＩは自分自身の意志を持ち
私たちと対立するようになるかもしれない。
超知能を持つＡＩの到来は
人類史上最善の出来事になるか
または最悪の出来事になるだろう。

（ＮＨＫ『クローズアップ現代』「天才ホーキングの遺言」より）

Wakata's Universe

ＡＩ（人工知能）という技術は今後、我々の日常生活や仕事のあらゆる場面で、その活用が進んでいくものだと思います。

私は職場の採用試験の面接官を務めることがしばしばあるのですが、面接官としてＡＩとビッグデータ以上の合理的な判断ができるかなと考えることがあります。つまり、面接で人を評価する時、私は自分が持っているデータと経験に基づいて、直感的な印象も含めて判断することしかできません。でも、私が有するデータは、当然ですが面接の相手からの申告情報や、他の面接官からの情報と私がこれまでの人生で習得してきたものだけです。それは、人物を正確に評価するためには、限られたデータとも言えるでしょう。

たとえばそこで、組織の目的と個人のスキルや適性をマッチングさせるようなビッグデータを用いて、ＡＩが面接官になって人を評価したほうが、私の評価をはるかに凌駕する精度で面接の評価ができるのではと、ふと思ったりすることがあります。

その一方で、ホーキング博士が言う「最悪の出来事」というリスクもあります。映画『ターミネーター』や『マトリックス』で描かれたような世界でしょうか。そうなると、確かに不安な気持ちにはなります。ただ、ホーキング博士はＡＩについて別の言葉も残しています。

「ＡＩのような強力なテクノロジーについては、最初に計画を立てうまくいく道筋を整えておく必要がある。そのチャンスは1度しかないかもしれないのだ。私たちの未来は増大するテクノロジーの力とそれを利用する知恵との競争だ。人間の知恵が確実に勝つようにしようではないか」（ＮＨＫ『クローズアップ現代』「天才ホーキングの遺言」より）

どんな科学技術も使いようで、人類に恩恵をもたらすこともあれば、悲劇をもたらすこともあります。それは、歴史を振り返れば明らかです。

「変化を恐れてはならない。必要なのは、その変化を私たちに役立つものにすることだ」（『ビッグ・クエスチョン〈人類の難問〉に答えよう』より）ともホーキング博士は言っています。

ＡＩは、我々の文明の未来を左右する大きな変化であることは間違いありません。しかし、いたずらに恐れるのではなく、さらなる人類の発展の手段として建設的に活用するために、我々は自分たちの知恵を結集させてＡＩの活用に取り組む必要があります。

「米国連邦規則集（ＣＦＲ）」のタイトル14航空宇宙の第91章第3条a項に、航空機のパイロットの責任と権限を述べている次の記載があります。"The pilot in command of an aircraft is directly responsible for, and is the final authority as to, the operation of that aircraft."科学技術によって生み出された「航空機」というものを利用していくことに関して、「パイロット＝人間」が最終意志決定者であることを極めて明確な表現で表しています。私はこの「航空機」と「パイロット」の関係を、「ＡＩ」と「人間」の関係と読み替え、常にＡＩの利活用においても、我々が最終意志決定者であり続けることを忘れてはならないと思っています。

Hawking's Universe

43

私の考えでは、
人類の未来のためにできることはふたつある。
ひとつは、
人類が生きていくのに適した惑星を求めて
宇宙を探査すること。
そしてもうひとつは、
地球をより良いものにするために
人工知能を建設的に利用することだ。

（『ビッグ・クエスチョン〈人類の難問〉に答えよう』より）

Wakata's Universe

人類が地球を出て、本格的に他の星への移住を実行する時、最も有力な候補となる惑星は火星です。すでに、欧州宇宙機関（ESA）の火星探査機「マーズ・エクスプレス」によって、火星の南極の地下約1・5キロメートルの深さに幅約20キロメートルの湖、つまりまとまった液体の水があるらしいことがわかっています。

低温で液体の状態を保っているようなので、水には大量の塩分が含まれている可能性が高いとも見られています。実際に、その液体の水の存在が確認できれば、テラフォーミング（惑星の環境を地球上の生物が生存可能な環境に変化させる仮想的な方法）などの技術の発達に伴い、火星の開発を進め、人類の移住を進めていくことも可能になるかもしれません。

また、今のテクノロジーでは太陽系外の惑星に到達するのさえ難しいのですが、ケプラー宇宙望遠鏡の観測等によって、太陽系外でも存在が確認されているハビタブルゾーンにおいて、人類の移住に適した環境の惑星の存在が次々に発見されてきています。このようなハビタブルゾーンにある天体については、今後さらに発見が続いていくでしょう。

そう考えると、ホーキング博士が言う「人類が生きていくのに適した惑星」を見つけることは、意外と早いかもしれません。問題は、その惑星に到達することです。我々が持つ今の推進システムの技術では、火星に到達するだけでも半年以上かかります。現在知られている最も地球に近い太陽系外惑星プロキシマ・ケンタウリｂは、その主星プロキシマ・ケンタウリのハビタブルゾーン内を公転していますが、地球から約４・２光年の彼方にあるので、そこに行ってみるのは現時点では困難です。

宇宙開発において、成果を効率的にかつ確実に結実させていくには、計画の立案、要素技術の研究・開発、システム設計、製造、ミッション遂行といった一連の流れを、ＰＤＣＡサイクルを徹底しつつ進めていくことが必要です。

そのサイクルの中で、長年に渡る技術やノウハウの蓄積は重要な要素です。その積み重ねを、一歩ずつ着実に進めていくことが大切なのはもちろんですが、ＡＩやテクノロジーの急速な進化が、こういった技術やノウハウの進展を加速度的に実現させ、宇宙開発をよりスピーディーに進歩させていく可能性を持っています。

宇宙のフロンティアを切り拓く取り組みでは、ロボット無人機だけで十分ではないか、あるいは有人の宇宙システムで進めるべきだ、という二つの考え方があります。

現在、宇宙活動の現場では、ロボティクスや、自動化・自律化の技術がシステムの中にますます取り込まれてきています。国際宇宙ステーションでは、姿勢制御や、熱制御、環境制御・生命維持といった様々なシステムのほとんどが自動制御や、地上管制局からの遠隔操作で動いており、宇宙飛行士が実際に手動で操作をしなければならないのは、トラブル発生時などの一部に限られています。

国際宇宙ステーションから超小型衛星をすでに250機以上放出した「きぼう」日本実験棟のロボットアームの操作も、ほとんどすべてが茨城県つくば市にある「きぼう」の運用管制室から遠隔操作で行っています。

また、ソユーズ宇宙船の打ち上げ時やドッキング、さらに大気圏突入から着陸までの操縦は自動化されていて、自動化されていない部分でもモスクワの地上管制局からの遠隔操作で行う部分がかなり多くなっています。

つまり、国際宇宙ステーションでの実験などで、自動化が困難な部分や、トラブルが発生した時など、宇宙飛行士のリアルタイムでの判断や手動操作が必要な場合のみに、宇宙飛行士が直接手動で作業を行い、それ以外の作業は自動制御や地上からの遠隔操作によって、より効率的に仕事が進められるよう工夫されているのです。

今後、宇宙活動のシステムにおいても、ＡＩを駆使して自動化・自律化が進んでいけば、さらに複雑な判断をも要する作業が人間なしでもできるようになり、宇宙で行う作業という観点からは、ほとんど人間の出る幕がなくなってくるかもしれません。

その具体例の一つは探査機です。無人小惑星探査機「はやぶさ2」も、開発や運用はもちろん地上のチームの人たちが行いますが、実際に小惑星に降り立ち、探査活動をするのは「はやぶさ2」という無人のロボットです。つまり、宇宙活動において何かを達成するための手段としては、必ずしもその現場に人間が行く必要がないわけです。すると、今後の宇宙活動はロボットだけで進めていけばいいのでは、という議論も当然起きてきます。

私は、有人宇宙活動の現場で仕事をしています。そこでは、無人システム、あるいは有人システムというものは、宇宙への人類の活動領域を拡大していく取り組みの中で、現在我々が有する技術水準、システム構築のためのコスト等を考慮したうえで決める「手段の選択」に過ぎないと考えています。人類の宇宙への活動領域の拡大は、人類の〝種〟としての存続のための危機管理の取り組みであり、そのために、我々は、目まぐるしく速いペースで進歩する技術の変化の中で、常に最もふさわしい「手段の選択」を考えていかなければならないと思います。

たとえば、宇宙探査だけでなく、人工衛星を使った通信やGPSなどの測位、観測衛星を利用した地球環境のモニター、気象衛星による天気予測等、宇宙活動において無人システムの果たす役割は膨大であり、それらが私たちの地球上での日々の暮らしを安全、安心なものとし、宇宙システムにより様々な利便性が向上し、豊かで暮らしやすい世界が実現されています。

そのような中での結論としては、私は宇宙活動においてＡＩが人間のサポートをすることはあっても、完全に置き換わるという方向に進むとは思っていません。宇宙開発の究極の目的が、「地球人類という種とその文明の存続」という危機管理にあるとしたら、ＡＩではなく生身の人間が宇宙へ進出していく技術や知見を常に考慮して、宇宙開発を進めていく必要があります。**「私たちはすでに火星でローバーを走らせているし、土星の衛星であるタイタンに探査機を着陸させた。だが、もしも人類の未来を考えるなら、私たち自身が行かなければならない」**（『ビッグ・クエスチョン〈人類の難問〉に答えよう』より）とホーキング博士もコメントしていますが、私も同感です。

人間が宇宙に向かう、その営みを止めた瞬間、人類として生き残る未来はいつか絶たれると思っています。もちろん、そのためにはＡＩをはじめとするテクノロジーをうまく利用する必要があります。

少し話が逸れますが、俳優・ダンサーの森山未來さんと対談でお話しした時、私と似たような問題提起をされていました。彼は、自らの肉体を駆使する踊りによってパフォーマンスしている立場として、これから科学技術が発展していく中、「いったいどこに肉体を取り留めておけるだろうか」ということをよく考えているとおっしゃっていました。ダンサーとして、生身の肉体で表現する意味を問われていると感じていらっしゃるのです。

VR（仮想現実）などの技術により、リアルな世界を仮想現実の世界で再現できるようになりました。そのクオリティは今後も発展し、人間の五感に与える情報量が飛躍的に増え、リアルか仮想か判断できないくらいの水準になるのかもしれません。また、AIの登場により、人間と同じ、またはそれ以上のことをこなす、見た目も人間のようなAIロボットも開発され利用が進むかもしれません。

AIロボットには、卓越したテクニックと表現力を要するダンスを踊らせることも可能でしょう。その時、生身の肉体を使って表現するダンサーの存在価値は、どこにあるのか。そんな漠然とした不安を、森山さんはダンサーとして思案なさっているようでした。

AIロボットのダンスを鑑賞することは物珍しいと思いますが、いくらテクノロジーが発達したとしても、心を揺さぶられる深い感動を与え続けられるかという点に興味を持っています。

Hawking's Universe

44

私は人類は宇宙に進出しない限り未来がないと思う。
だからこそ一般の人に宇宙旅行に興味を持ってほしい。
無重力体験はその第一歩だ。
私はとても興奮している。
何十年も車いすに縛られてきたが
無重力空間で自由になれるのは素晴らしい。
無重力空間で会いましょう。

（NHK『コズミックフロント☆NEXT』
「宇宙の〝冒険者〟～ホーキング博士ラストメッセージ～」より）

Wakata's Universe

ホーキング博士は2007年、65歳の時に、無重量状態を体験できるパラボリックフライト（放物線飛行）に参加されたという話をしました。私もNASAで宇宙飛行士候補者の時に初めて搭乗して以来、十数回、パラボリックフライトを経験しました。NASAでは、KC-135やC-9という航空機を使用して、毎回のフライトで30回から多い時には60回程度の〝パラボラ降下〟を行います。

パラボラ降下時に無重量状態を模擬できる時間は、わずか30秒程度です。パラボリックフライトの目的は、無重量環境の体験訓練や、宇宙機のシステムや実験装置の開発試験等で、時には130キロもある船外活動服を着用して、宇宙でスペースシャトルの耐熱タイルを修理する技術の開発試験なども行いました。パラボリックフライトを行う航空機は、宇宙飛行に向けた訓練やシステム開発には重要な無重量環境のシミュレータなのです。

ホーキング博士が搭乗したパラボリックフライトは、改造されたボーイング727型旅客機によるものでした。高度約1万メートルまで上昇した後、パイロットの手動操縦で高度約2500メートルまで放物運動をするような軌跡で一気に急降下し、その下降中の約30秒の間、機内は無重量状態になります。

この放物飛行を2時間ほど掛けて8回ほど繰り返し、ホーキング博士は延べ約4分間の無重量状態を経験したそうです。飛行後、感想を聞かれて「無重力は素晴らしい体験だった。私は何度も何度もくり返した。宇宙よ、私はついに来たぞ」と博士は喜んでいたそうです。

パラボリックフライトでは嘔吐してしまう人もよくいて、飛行前に酔い止めの薬も飲むのですが、それでも気分が悪くなる人がいます。そうなると決して楽しいだけではありません。また、ホーキング博士の場合、普段は車椅子の生活で、しかも人工呼吸器を使っている状態なので、パラボリックフライトを行う場合には当然リスクが伴います。ホーキング博士は飛行前に医師から、肺に穴が空いて命に関わる危険もあると忠告されたそうですが、それでもチャレンジしたいと、4人の医師と2人の看護士が同行してのフライトだったそうです。よほど無重量状態というものに対する好奇心があったのだと思います。

だいたい、宇宙の理論の構築に無重量体験は必要ではないでしょう。でも、ホーキング博士の場合、自ら宇宙へ行くことも熱望していましたし、宇宙開発や宇宙飛行士の活動にもとても関心をお持ちで、「はじめに」でも触れたように私が国際宇宙ステーションに滞在中、ＢＢＣの番組の企画で、国際宇宙ステーションのクルーの同僚とともに地上のホーキング博士と交信をさせていただいたこともありました。

ホーキング博士の宇宙に行きたいという強い想いに関しては、私は少し意外に思っていました。なぜなら、ホーキング博士は頭の中での思考の世界とはいえ、もう宇宙の大海原を縦横無尽に航海しているような人です。そもそも広大な宇宙の成り立ちを探究する方々は、その果てしない宇宙のほんの入り口でしかない地球のすぐ回りの空間に行ってみることには、あまり興味をお持ちにはならないのではないかという印象を持っていました。

高次元世界（五次元、六次元など）の存在を理論的に提唱し、素粒子物理学、宇宙論を専門とする理論物理学者のハーバード大学リサ・ランドール教授に、NHKの番組で対談取材をさせていただいたことがあります。お目に掛かった際、教授が宇宙飛行にとくに関心があるようなお話はうかがいませんでした。

ハーバード大学を取材で訪問させていただいた際、どんな感じの研究室で研究に取り組んでいらっしゃるのだろうと、興味津々でランドール教授の研究室にお邪魔しました。研究室の建物の中に入ると、壁一面が大きなホワイトボードになっている場所がいくつもあり、そこで物理学科の学生さんたちが、コーヒーカップを片手に、ホワイトボードにたくさんの計算式を書きながら、活発な議論をしていました。取材スタッフが私のことを、

「ここにいるのは日本の宇宙飛行士だ」と紹介してくれたのですが、さっきまで複雑な数式をにらみながら議論をしていた学生さんの一人に、「宇宙でどうやってトイレに行くのですか?」と真顔で聞かれました。質問の内容が小学生と同じだったので、ホワイトボードの複雑な数式とのギャップがとても印象的でした。

ランドール教授のような理論物理学の専門の方々にとってみたら、宇宙飛行士が活動する宇宙領域と、教授たちが研究対象としている宇宙の領域はそのスケールが大きく異なるでしょう。

宇宙飛行士が活動している場所は、地球の大気層のすぐ上の領域の宇宙空間で、地上からの高度が約400キロメートルの軌道上の国際宇宙ステーションで実験や観測等の有人宇宙活動を行っています。

でも、理論物理学における研究対象となる宇宙の範囲は、我々宇宙飛行士が現在到達することがもちろんできない広範な領域であり、様々な望遠鏡や観測装置を駆使しても観察することすら困難な領域も含まれています。理論物理学者は、未知なる広大な宇宙に潜む謎を、思考と数式を駆使して理論的に解き明かすという膨大な取り組みに日々挑んでいるのです。

そのような中、ホーキング博士は少し変わっていました。ホーキング博士はパラボリックフライトの体験を振り返って、「**二〇〇七年のこと、私は無重力飛行をする幸運に恵まれて、重さがない状態をはじめて経験することができた。それはわずか四分間のことだったけれど、実にすばらしい経験だった。行けることなら、どこまでも行きたかった**」（『ビッグ・クエスチョン〈**人類の難問**〉**に答えよう**』）と語っています。

とても純粋で率直な感想だと思います。普段、重力にとらわれているこの地上で、しかも車椅子での不便な生活を送っているホーキング博士は、きっと肉体的のみならず、心理的にも重力による拘束から解放された気分になったことでしょう。そして、自分の置かれている環境から隔絶したところに身を置くことで、新たな発見や達成感を感じたことと思います。

またホーキング博士は、この先、何世代にも渡って人類が生き延びていくためには、人類の宇宙への進出が必須条件だと考えていました。博士自身が宇宙飛行に挑戦する姿を見せることで、宇宙開発に対する人々の関心をあらためて呼び起こしたかったのではないかとも思います。

Hawking's Universe

45

核戦争は人類の生存に対する最大の危機であり続けている。

（『3分でわかるホーキング』より）

Wakata's Universe

宇宙開発の現場に身を置いていると、人類の持つ科学・技術力の蓄積と、目まぐるしい進歩の速度を実感します。

国際宇宙ステーションは１９９８年の建設開始後、２０００年からは宇宙飛行士が常駐し、様々な宇宙実験や観測の優れた成果を世界各国が力を合わせて創出し続けています。それによって得られる科学・技術的な知見は、地上の日常の生活を豊かにするだけでなく、より平和で安全な世界を構築することにも寄与しています。

たとえば、隕石の落下、地震、火山の噴火、台風や大雨などの自然現象によってもたらされる災害は、地球上で生きていくうえでの宿命のようなものです。しかしながら、人類の活動が要因と考えられている地球温暖化により、台風や大雨等による甚大な被害が近年増えているのが現在の状況です。

また、プラスチックによる海洋環境の破壊、地球周回軌道を漂う使用済みロケットの高段や人工物の破片等の宇宙デブリによる安心・安全な宇宙活動への脅威等は、身から出た錆《さび》と言えるでしょう。

これまで人類は大変悲惨な様々な戦争体験を通して、より平和な世界秩序の構築に努めてきました。世界各国は、核戦力等の軍備拡大を相互に規制する努力を進めてきました。我々は「宇宙船地球号」に搭乗する仲間として、愚かな選択に陥ることなく、豊かな文明社会を持続的に発展させていかなければなりません。

このことにも関連して、地球人類以外の知的生命体の存在に想いを巡らせる時によく思うのは、この広い宇宙のどこかに、核戦争や環境破壊など科学技術の力の誤用で滅亡してしまった文明があったかもしれない、ということです。

でもその一方で、危機を乗り越えて文明を維持している存在もあるのかもしれません。もし宇宙人がやって来て会うことができたとしたら、その宇宙人は我々よりはるかに進んだ科学技術水準を有しているでしょうから、彼らに対して「あなた方はどのようにして、戦争や環境破壊のような危機に屈することなく、文明を存続させてきたのか」という質問もしてみたいです。

そして今、新型コロナウイルスで地球上の「人類」という集団的な単位を意識し、宇宙から地球を俯瞰する視点で人類の将来を考えていくことの大切さをあらためて感じています。この文章を書いている時も、新型コロナウイルス感染症の拡大で、世界中が大混乱を経験しています。その中で、私たちの命を守ってくださっている多くの方々、とくに医療の現場で強い使命感を持って尽力なさっている皆さんに心から感謝したいと思います。

天然痘やペストを含め、人類は多くの感染症と闘い、共存しながら生き延びてきました。新型コロナウイルスという人類共通の敵に対し、今、世界中の国々が一丸となって協力し、感染症の克服に向けて努力することで、より平和な世界が築かれていくことを願うばかりです。

人類存続のための危機管理の取り組みとして、人類の活動領域を宇宙へと拡大していくことも、世界の国々とその意義・価値を共有して取り組むことで、地球上でより安心、安全な世界を築くことに寄与できると確信しています。

Hawking's Universe

46

宇宙飛行だけが人類を救える。

（『3分でわかるホーキング』より）

Wakata's Universe

ホーキング博士が言う「宇宙飛行」とは、「人類の宇宙への活動領域の拡大」を意味していると思います。では、「人類を救える」とは「何」から救えるのか、ということです。

私は宇宙活動の目的の根幹にあるのは、つまるところ地球人類の存続にあると思っています。

我々の生存を脅かすリスクは、様々あります。人口増加、食料問題、核戦争、環境破壊、パンデミックなどの人類の所業が原因でもたらされるリスク。気候の変動や巨大地震などの地球という惑星のメカニズムによって起こる自然現象のリスク。そして、大隕石との衝突や50億年先の太陽の終焉など宇宙のメカニズムによってもたらされるリスクなどです。

それらが起こるタイミングは、遥か遠い未来と予測されているものから、明日起こっても不思議でないもの、すでに現在進行中のものまであります。そのリスクを放置したままでいるのは、人類の存続のためには余りにナイーブ（日本語で普通使われる「うぶで純真」という意味ではなく、英語で使われる「考えが甘い」「無警戒」という意味）過ぎる態度だと思います。人類の文明を維持していくためには、リスクをきちんと把握し、正確に分析して、リスクを減らすべく、我々は地球上であらゆる努力をする必要があります。

その地球上での危機回避の努力を弛まなく進める一方で、地球上で文明を維持することができなくなるような事態に備えるべく、人類は何をするべきなのでしょうか？

人類が宇宙に飛び出すことなく、地球上に留まってしまえば、地球人の文明は「孤立系」となります。「熱力学第二法則」からは、孤立系のエントロピーが増大することが導かれますが、エントロピー最大の状態は死を意味します。エントロピーを下げるには、熱力学的には外からエネルギーを取り込む必要があります。文明存続という直接熱力学では説明できない事象に関しても、孤立系（地球上）に留まらずにエントロピーを減少させること、つまり、宇宙に飛び出し、知見やエネルギーを取り入れていくことが、地球人の文明を滅亡させないための解であると考えられます。

人類が宇宙に進出していくということは、「生命の揺りかご」と呼ばれるこの母なる青い惑星を出て、新天地を見つけ出し、そこで地球人文明を存続させていくという道を確保することです。新たな地で生まれる文明は、地球人由来ではありますが、進化した人類による文明になっていくことでしょう。

ＳＦ物語のように聞こえるかもしれませんが、人類が宇宙に挑む究極の目的は人類の種《しゅ》としてのサバイバルに他なりません。人類存続のための究極の危機管理の一つに、「宇宙開発」という営みがあるのです。そしてその危機管理への取り組みは、その時が来たらやればいい、では遅いのです。それは人類の存続を脅かすリスクへの対策を我々は完全に確立できていないからです。

今、我々ができること、なすべきことは、かけがえのない地球環境を守り続けるための技術と協力体制の確立、宇宙をさらに理解するための探究、そして人類の宇宙進出に必要な技術の構築だと思います。

地球を飛び出し、地球低軌道を飛行する国際宇宙ステーションで長期滞在を始めた人類にとって、今はその準備段階と言っていいでしょう。

Hawking's Universe

47

我々が望んできたことが
未来で実現されるかもしれない。
技術さえあれば可能性に限りはない。

(『3分でわかるホーキング』より)

テクノロジーの進歩が、地球人の文明の進歩を推し進めてきたことに異論はないと思います。歴史には「産業革命」というテクノロジーのエポックが記されていますが、第一次から第四次までの産業革命があります。

第一次はイギリスで、１７００年代後半から１８００年代前半に掛けて起こった、蒸気機関の動力による機械化を指しています。それによって人間の手作業から大幅に作業能率を上昇させることに成功します。

第二次はアメリカとドイツで、１８００年代後半に起こったとされていて、今度は電力を活用して工場での大量生産を可能にし、また化学技術の革新も進んだとされています。

第三次はそれから少し間が空きますが、我々の記憶にも新しい１９００年代後半のコンピュータによる機械の自動化を指します。

そして近年、第四次産業革命「インダストリー４・０」が進行中で、ＡＩ（人工知能）、ロボット工学、ブロックチェーン、バイオテクノロジー、量子コンピュータ、ＩｏＴ（モノのインターネット）、複合現実などによって産業構造が変わることだとされています。

ＩｏＴとは、建物、電化製品、自動車、医療機器など、パソコンやサーバーといったコンピュータ以外の多種多様なモノがインターネットに接続されて、相互に情報をやりとりして、相互に制御する仕組みで、これにＡＩによるデータ収集や解析技術が加わることで、人間からの指示がなくても機械が自ら判断して動く自律化も進んでいくでしょう。

ＳＦの世界で夢のように描かれていたことが、着々と現実になりつつある世界に今、私たちはいます。この後に続くであろう第五次、第六次といった産業革命は、いったいどんな新しい世界を私たちにもたらしてくれるのでしょうか。楽しみでなりません。

Hawking's Universe

48

人はみな、未来に向かって
ともに旅するタイムトラベラーだ。
私たちが向かう未来を、
誰もが行きたいと思うような未来にするために、
力を合わせようではないか。
勇気を持とう。
知りたがりになろう。
確固たる意思を持とう。
そして困難を乗り越えてほしい。
それは、できることなのだから。

（『ビッグ・クエスチョン〈人類の難問〉に答えよう』より）

Wakata's Universe

勇

気を持つ。知りたがり屋になる。確固たる意志を持つ。これらはめざす道が何であろうとも、大切にしたいことです。自分がやりたいことを成し遂げるためには、常に好奇心を大切にして新たな知見を貪欲に獲得し、どんな苦境においても確固たる意志と勇気を持って挑戦していかなければならないのです。

とはいえ、困難に直面したり、失敗し、落胆することは誰しもあるでしょう。逆に、人生においてはそういう経験も必要なのかもしれません。

悩んでやる気が起きない時期もあるものです。そんな時は無理して抗《あらが》わず、慌てずゆっくり休む時間に使ってみるのもいいかもしれません。

私は失敗することは仕方がないことだと自分に言い聞かせていますが、二度同じ失敗をしないように心がけています。失敗してとことん落胆することがあっても、その最中に、「なぜ失敗したのか？」に関して徹底的に分析するようにしています。

私にとって、同じミスを繰り返さないための分析をする時の原動力となるのは、落ち込む時に感じる悔しさです。失敗に向き合い、分析することで二度と同じ失敗をしないようになる。そう考えると、意外とポジティブに落ち込めます（苦笑）。それに、失敗の要因がわかれば、その先で似たようなケースに直面しても、それを乗り越えて対処するために、すでに習得している知見やノウハウを活かせるわけです。

ホーキング博士の言葉の中で、とても博士らしくユニークだと感じたのは、「人はみな、未来に向かってともに旅するタイムトラベラーだ」という部分です。

映画や小説では、過去に戻って出来事を修正・上書きするようなタイムトラベルの物語がありますが、ホーキング博士は過去に戻るタイムトラベラーではなく、あくまでも我々は未来へ向かう旅人だと言っているのです。

タイムトラベルの技術が実現しない限りは、過去には旅行できません。でもそんな技術はなくても、今この瞬間においても我々はみな、未来とは常に接点を持っているのです。なぜなら、未来は「今」という一瞬の積み重ねで創り上げられていくものであるからです。

我々は「今」を生きながらにして、「未来」という時間に多大な影響力を持っていることは確かです。それがホーキング博士が表現した「未来に向かうタイムトラベラー」の意味だと思います。

「今」を生きる我々がともに手を携え、「今」を賢明に生きていくことで、「今」という時間が素晴らしい「未来」を創っていくはずです。

おわりに

「宇宙」を解明するために、その研究に生涯を捧げてきたホーキング博士。長年、「宇宙」に行きたいという夢も持っていらっしゃいましたが、航空機による無重量体験にはチャレンジなさったものの、実際に宇宙空間に行くという夢を果たすことはできませんでした。

それでもなお、ホーキング博士はきっと誰よりも「宇宙」を天翔けていたのだと私は思います。肉体の不自由さと闘いながらも、ホーキング博士はいつでも、思考の中で自由自在に「宇宙」を飛び回っていたのだと感じます。

理論物理学者でありながら、地球文明と人類の未来に対する示唆に富む言葉を数多く遺されてきたホーキング博士ですが、難病になりながらも、その研究で数々の偉大な功績を残し、多くの人々に科学の素晴らしさを教えてくださいました。

その人生を振り返った時、一人の人間が持つ可能性には驚嘆させられます。そして、人間一人ひとりが持つ英知と可能性が集結した時、この地球はどれほど大きな夢を育む星となるのでしょうか。

「宇宙」を探る取り組みは果てしない旅と言えるでしょう。「宇宙」は我々に限りない夢を与えてくれる創造の時空です。

今回、私たちを「宇宙」へといざなってくださったホーキング博士の言葉に触れる機会を与えていただいたことに心から感謝したいと思います。

謝辞

この本には、「宇宙」というテーマによる、もう一つのつながりがあります。出版にあたって素敵なイラストを描いてくださった小山宙哉さんに心から感謝の気持ちを表したいと思います。

小山さんの作品『宇宙兄弟』の中では、国際宇宙ステーション（ＩＳＳ）や月探査ミッションを含む様々な地上や宇宙での有人宇宙活動の現場が、リアリティ豊かに、かつウィットたっぷりに描かれています。

宇宙飛行士選考試験は、まさに六太たちのようにみんながライバルでしたが、最後は自分が選ばれずに誰が選ばれても納得できると感じられるような素晴らしい経験でした。

Ｔ－38ジェット練習機の訓練飛行のシーンは、私が宇宙飛行士候補者時代に本当に苦労しながらもやりがいを強く感じながら過ごした時間を彷彿させてくれますし、海底研究施設でのＮＥＥＭＯ訓練が宇宙での「本番」に最も近い訓練であることなど、実際にＮＡＳＡでの訓練で経験した以上に強烈な描写です。小山さんの作品制作のための徹底した調査に脱帽します。宇宙を探究することへの夢を育み、その魅力を読者のみなさんに与え続けてくれている作品だと思います。

『宇宙兄弟』の魅力は世界各国にも広がっています。海外でのシンポジウムや学生さんを対象にした講演でお話しさせていただく機会がしばしばありますが、タイでの講演会で、『宇宙兄弟』を読んで宇宙をめざすことを決意したと、きらきら目を輝かせながら話してくれた若い技術者に出会えたことも印象的でした。

２０１８年には東京で、文部科学大臣の主催により、40を超える国・機関から閣僚や政府高官が参加して、第２回国際宇宙探査フォーラム（ＩＳＥＦ２）が開催されました。月、火星、その先の太陽系の探査活動が広く共有された目標であり、持続可能な形での探査の実施が重要であることが確認されました。

ＩＳＥＦ２のポスターにも小山さんのご協力で『宇宙兄弟』の主人公である月面探査に臨む六太と日々人が描かれています。新たなフロンティアを探究し、宇宙空間における人間の活動領域を拡大する重要な挑戦として、国際宇宙探査の取り組みが進められていくことになりますが、『宇宙兄弟』という作品は世界の多くの方々に挑戦していくことの素晴らしさを伝えてくれていると思います。

そして作品の中では、主人公の六太と日々人に大きな影響を与えた金子シャロンと、六太の同期の伊東せりかの父の二人がＡＬＳ（筋萎縮性側索硬化症）患者として描かれています。ＡＬＳ患者である二人が登場人物の宇宙飛行士たちを励まし、いかに大きな精神的な影響を与えているかという点についても、ＡＬＳと闘ってきたホーキング博士とのＩＳＳでの対談をきっかけに、博士の宇宙への強い想いが有人宇宙活動の現場に携わる私にも大きな励みになっていることに何かのご縁を感じています。

「人はね。誰かに〝生きる勇気〟を与えるために生きてるのよ。誰かに――勇気をもらいながら」というシャロンの言葉はいつも大切にしたいと思っています。

『宇宙兄弟』を通して、さらに多くの方々が宇宙を探究することの素晴らしさに触れ、一緒に人類のフロンティアを切り拓き、応援してくれる仲間が増えてくれること、そして小山さんのますますのご活躍を心からお祈りいたします。

出典　※初出の掲載順

・『ビッグ・クエスチョン　〈人類の難問〉に答えよう』（スティーヴン・ホーキング／青木薫 訳／NHK出版）
・『ホーキング、宇宙と人間を語る』（スティーヴン・ホーキング、レナード・ムロディナウ／佐藤勝彦 訳／エクスナレッジ）
・『BBCニュース』
・『3分でわかるホーキング』（ポール・パーソンズ、ゲイル・ディクソン／福田篤人 訳／エクスナレッジ）
・『ホーキング、未来を語る』（スティーヴン・ホーキング／佐藤勝彦 訳／アーティストハウス）
・NHK『コズミックフロント☆NEXT』「宇宙の"冒険者"～ホーキング博士ラストメッセージ～」）
・https://wired.jp/2019/09/30/elon-musk-just-unveiled-starship-spacexs-human-carrying-rocket/（TEXT BY DANIEL OBERHAUS ／ TRANSLATION BY ASUKA KAWANABE）
・https://wired.jp/2015/07/25/stephen-hawking-interview/（TEXT BY JOAO MEDEIROS ／ TRANSLATION BY SANAE AKIYAMA）
・ディスカバリーチャンネル『ホーキングが語る幹細胞と再生医療』
・ナショナルジオグラフィック『ホーキング博士のジーニアス～命とは何か～』
・https://www.newscientist.com/article/mg21328460-500-stephen-hawking-at-70-exclusive-interview/（山口玲子 訳）
・https://www.nytimes.com/2011/05/10/science/10hawking.html?pagewanted=all&_r=2&（山口玲子 訳）
・http://www.hawking.org.uk/（山口玲子 訳）
・『ホーキング Inc.』（エレーヌ・ミアレ／河野純司 訳／柏書房）
・https://abcnews.go.com/WN/Technology/stephen-hawking-religion-science-win/story?id=10830164&page=2（山口玲子 訳）
・https://www.theguardian.com/science/2005/sep/27/scienceandnature.highereducationprofile（山口玲子 訳）
・https://forbesjapan.com/articles/detail/20418/2/1/1（出田静 訳）
・https://www.nytimes.com/2004/12/12/magazine/the-science-of-secondguessing.html（山口玲子 訳）
・『Black Holes and Baby Universes and Other Essays』（Stephen W. Hawking ／ Bantam）※山口玲子 訳
・https://edition.cnn.com/2010/WORLD/europe/09/02/hawking.god.universe/index.html（山口玲子 訳）
・NHK『クローズアップ現代』「天才ホーキングの遺言」

若田光一（わかた　こういち）
宇宙飛行士、博士（工学）。
1963年埼玉県生まれ。1987年九州大学工学部航空工学科卒業。1989年九州大学大学院工学研究科修士課程を修了し、日本航空株式会社にエンジニアとして入社。1992年宇宙開発事業団（現JAXA）が募集した宇宙飛行士候補者に選抜される。1996年日本人初のミッションスペシャリストとしてスペースシャトルに搭乗。2000年日本人の宇宙飛行士として初めて国際宇宙ステーション（ISS）の組み立てミッションに参加。2009年には日本人で初めてISSでの長期滞在ミッションを行う。2010年日本人として初めてNASA管理職（宇宙飛行士室ISS運用部門チーフ）に就任。2014年に日本人初となるISSコマンダー（船長）を務める。JAXA宇宙飛行士グループ長、JAXA・ISSプログラムマネージャ、JAXA理事を歴任し、2020年よりJAXA特別参与、宇宙飛行士として任務を継続中。合計４回の宇宙飛行における総宇宙滞在時間は347日８時間33分（日本人最長）。著書に『一瞬で判断する力』（日本実業出版社）ほか。

宇《う》宙《ちゅう》飛《ひ》行《こう》士《し》、「ホーキング博士《はかせ》の宇《う》宙《ちゅう》」を旅《たび》する

2020年９月１日　初版発行

著　者　若田光一
発行者　杉本淳一

発行所　株式会社日本実業出版社　東京都新宿区市谷本村町３−29 〒162-0845
大阪市北区西天満６−８−１ 〒530-0047
編集部　☎03-3268-5651
営業部　☎03-3268-5161　振　替　00170-1-25349
https://www.njg.co.jp/

印　刷／理　想　社　　製　本／若林製本

この本の内容についてのお問合せは、書面かFAX（03-3268-0832）にてお願い致します。
落丁・乱丁本は、送料小社負担にて、お取り替え致します。

ISBN 978-4-534-05798-3　Printed in JAPAN